Schirner
Verlag

Sylvia Bieber

Reisen an innere QUELLEN der Heilung

MIT MEDITATIONEN
das Herz öffnen, Frieden
finden und Wünsche
wahr werden lassen

Schirner
Verlag

Wir verzichten auf das Einschweißen unserer Bücher – **UNSERER UMWELT ZULIEBE!**

ISBN 978-3-8434-1418-0

Sylvia Bieber:
Reisen an innere Quellen der Heilung
Mit Meditationen das
Herz öffnen, Frieden finden und
Wünsche wahr werden lassen
© 2020 Schirner Verlag, Darmstadt

Umschlag: Elena Lebsack, Schirner, unter Verwendung von #753916168 (© Denis Belitsky), #146318045 (© redstone), #406178962 (© Olga_C), #448279612 (© Galyna Andrushko), www.shutterstock.com
Layout: Elena Lebsack, Schirner
Lektorat: Elke Truckses, Schirner
Printed by: Ren Medien GmbH, Germany

www.schirner.com

1. Auflage Juni 2020

INHALT

Meditationen zur Heilung auf verschiedenen Ebenen............. 100

Meditationen in spirituelle Dimensionen.............................. 122

Meditationen für mehr Frieden mit dir und deinen Eltern 152

EINFÜHRUNG
und Dank

Ich möchte an dieser Stelle allen Menschen danken, die mir Anregungen und Ideen geschenkt haben als Reaktion auf mein erstes Buch »Reisen ins Land der Seele«, das 2010 erstmals im Schirner Verlag erschienen ist.

Seitdem ist viel passiert. Nicht nur, dass dieses Buch inzwischen überarbeitet wurde und in modernerem Layout erschienen ist, sondern auch die Tatsache, dass ich längst keine Fantasiereisen mehr vorbereite. Mit dem Smartphone ist eine Technik auf den Markt gekommen, die es mir ermöglicht, Fantasiereisen (auch »Innenweltreisen« oder »Traumreisen« genannt) aufzunehmen und im Nachhinein zu bearbeiten. Mein Dank gilt deshalb auch all jenen, die mich in meinen Seminaren und Ausbildungen immer wieder animierten, die aufgenommenen Reisen neuerlich in Buchform zu veröffentlichen.

Mein Weg von Fantasiereisen zu Heilmeditationen

Viel ist auch mit mir und in meinem privaten und beruflichen Umfeld geschehen. Seit 2012, nach einem denkwürdigen Aufenthalt mit meiner »Seelenheil-Reise-Seminargruppe« auf Bali, empfange ich Botschaften aus der Geistigen Welt. Die Hintergründe darüber würden den Rahmen dieses Buches sprengen. Nur so viel dazu: Während dieser Zeit wurden mir 21 Energetische Informationspunkte (EIPs) gechannelt, die ich seitdem in meiner Coaching-Praxis und in meinen Seminaren anwende. Seitdem spreche ich meine Heilmeditationen aus der Energie der Seminargruppe bzw.

aus der Energie des Momentes heraus. Ich gehe zusammen mit den Teilnehmern (oder auch der Einzelperson) in meine innere Erlebniswelt. Dort sehe ich den Weg, der beschritten werden soll. Die Worte kommen wie selbstverständlich über meine Lippen. Kein Zweifel, kein Misstrauen, kein Perfektionismus schränkt mich ein. Das, was die Gruppe (oder die Einzelperson) in diesem Moment braucht, findet seinen Weg durch mich.

Im Laufe all dieser Jahre sind somit Heilmeditationen entstanden, die direkt aus der Quelle, der Geistigen Welt, gekommen sind. Heilmeditationen unter dem Gesichtspunkt, dass die Inhalte tatsächlich zur Heilung von Körper, Geist und/oder Seele führen.

Nachfolgende E-Mail erhielt ich von einer ehemaligen Ausbildungsteilnehmerin im März 2019:

Liebe Sylvia,
jetzt sind wir schon seit 4½ Monaten unterwegs und gerade in Kambodscha. Wir haben schon öfters an dich gedacht, und jetzt wollte ich dir einmal schreiben.
Es gab mehrmals schwierige Situationen. Vor allem, wenn es ein gesundheitliches Thema ist und mit Kindern auf Reisen, ist das immer eine besondere Herausforderung. Dabei hat uns (Groß und Klein) die Meditation »Körperreise« sehr gut unterstützt. Mathilda mehrmals bei beginnender Blasenentzündung, Paula, als sie nicht einschlafen konnte, etc.
Gerade habe ich mit Paula im Bett gelegen, sie hatte sich eine Meditation gewünscht, sich »Das Lied des Meeres« ausgesucht und ist dabei eingeschlafen. Und seit über einem Jahr mache ich regelmäßig die POIA-Meditation.[1]

---

1 Anmerkung der Autorin: Es ist eine Fantasiereise, die für die Nachbearbeitung einer Prozessorientierten Innenweltarbeit genutzt wird und die ich auf CD herausgebracht habe.

Vielen lieben Dank dafür und die allerbesten Grüße
Christina

An dieser Stelle möchte ich betonen, dass die Heilmeditationen kein Ersatz sind für eine individuelle fachmedizinische Beratung und Behandlung eines Arztes, Psychiaters oder eines Heilpraktikers.

Meditieren und Meditation

Meditieren ist etwas anderes als Meditation. Das eine ist eine Technik, das andere ein Seins-Zustand. Ebenso verhält es sich mit Hypnotisieren und Hypnose. Technik versus Zustand. Wenn du dich mithilfe dieser Heilmeditations-Texte über das Meditieren in eine Meditation versenkst, kannst du unterschiedlichste Seins-Zustände erfahren.

Diese könnten sein:

Glückseligkeit | All-Liebe | All-eins-Sein | vollkommene Freiheit | im Hier und Jetzt sein | absolute Präsenz | reines Bewusstsein | das Nichts | Erleuchtung | dein wahres Selbst | dein Höheres Selbst

Es ist mir nicht möglich, zu beschreiben, was Meditation wirklich ist. Worte sind dafür zu klein, zu unbedeutend, zu nichtssagend. Deshalb biete ich dir ein Bild an. Stelle dir einfach ein großes Gemälde vor. Wenn du es beschreibst, rückst du etwas anderes in den

Fokus als ein anderer. Jeder hat seinen ganz einzigartigen Blickwinkel darauf. Aus diesem Grund biete ich dir hier einige Zitate bedeutender Menschen und auch unbekannter Personen an, die versuchten, Meditation in Worte zu fassen.

»Du kannst nicht verhindern, dass ein Vogelschwarm über
deinen Kopf hinwegfliegt. Aber du kannst verhindern,
dass er in deinen Haaren nistet.«
(Martin Luther)

»Drei Dinge machen einen Theologen:
Die Meditation, das Gebet und die Anfechtung.«
(Martin Luther)

»Jede Aktion, die mit Bewusstheit durchgeführt wird,
ist Meditation. Meditation heißt, sich seiner Handlungen,
Gedanken, Empfindungen und Emotionen völlig bewusst zu sein.
Ein anderes Wort für Meditation ist passive Bewusstheit.«
(Unbekannt)

»Lerne Konzentration, und wende sie in jeder Weise an.
So verlierst du nichts. Wer das Ganze hat, hat auch die Teile.«
(Swami Vivekananda)

»Wie Regen ein Haus mit schwachem Dach durchflutet,
so brechen Sehnsüchte in den Geist ein,
der keine Meditation praktiziert.«
(Buddha)

»Wer einem Andacht machen will, muss sie zuvor selbst haben.«
(Aus Schlesien)

»Der Mensch soll sich unter Tag oder Nacht immer eine gute
Zeit nehmen, und in der soll er sich in den Grund senken,
jeder nach seiner Weise.«
(Johannes Tauler)

Wir sind Schöpfer unserer Realität

Dr. Joseph Dispenza, promovierter Biochemiker und Chiropraktiker, beschäftigt sich seit vielen Jahren mit der Funktionsweise des menschlichen Gehirns. Er stellt die uralte Frage nach Ursache und Wirkung im Sinne der Quantenphysik neu: Wer beherrscht wen, die Realität das Denken oder das Denken die Realität?

Dr. Dispenza erklärt in all seinen Vorträgen, wie es möglich ist, durch Gedanken etwas zu verändern: Wenn wir denken, kommt ein chemischer Prozess in Gang. Mit unseren fünf Sinnen nehmen wir Informationen auf. Diese gelangen über unterschiedliche Wege in unser Gehirn. Dort entsteht dadurch ein sogenannter Neuronendschungel. Die Neuronen vernetzen sich, um die verschiedenen Informationen widerzuspiegeln, und setzen dabei Botenstoffe frei. Diese Botenstoffe steuern unsere Gefühle. Dopamin beispielsweise ist ein Neurotransmitter, der für die Motivation verantwortlich ist und unmittelbar vor dem Erreichen eines Zieles ausgeschüttet wird. Ein dauerhaft niedriger Dopaminspiegel kann sich negativ auf Antrieb und Konzentrationsfähigkeit auswirken, während ein dauerhaft erhöhter oft zu hyperaktivem Verhalten führt. Serotonin wiederum ist hauptsächlich für Anpassungsleistungen an soziale Anforderungen wie Kollegialität, Ausgeglichenheit und gute Laune zuständig. Serotoninmangel kann zu depressiven Verstimmungen, Angst und Aggressionen führen.

In dem Augenblick, in dem wir Gefühle und Emotionen haben, die wiederum an unsere Gedanken gekoppelt sind, werden die Botenstoffe ausgeschüttet, die den Körper lehren, das Ereignis emotional zu erfassen. Deshalb können wir uns an diese Erfahrungen auch später noch erinnern. Ob wir positive oder negative Gedanken haben, ist egal, das neuronale Netz feuert. Nervenzellen, die gemeinsam feuern, schalten sich dabei zusammen. Und je öfter wir an dasselbe denken, desto stärker wird der neuronale Zusammenschluss und damit das entsprechende Gefühl.

Mit Heilmeditationen erschließen wir uns neue Welten – Gefühlswelten. Wir arbeiten dabei in unserer Vorstellung, mit unseren Gedanken. Diese aktivieren unsere Sinne, die wiederum durch die dabei ausgeschütteten Botenstoffe Gefühle auslösen, die unseren wahren Wünschen entsprechen und uns als Wegweiser dienen. Wir machen neue Entdeckungen, sind nicht nur Materie und Verstand. Denn wie man weiß, ist die Logik die Sprache des Bewusstseins, Gefühle und Emotionen sind die Sprache des Unterbewusstseins. Nicht das Abschalten der Gedanken, sondern ihr bewusstes Lenken während eines tranceähnlichen Zustandes gibt uns Antworten auf viele Fragen und lässt uns zum Schöpfer unserer Wirklichkeit werden.

Die Sprache, die während der Trance plötzlich verstanden wird, schafft neue Vorstellungen, und diese erschaffen neue Wirklichkeiten.

Die Arbeit mit inneren Wahrnehmungen

Mit Heilmeditationen können wir der unbewussten Wirkkraft unserer verborgenen Überzeugungen den Wind aus den Segeln nehmen oder den Schiffen, mit denen wir auf unsere Ziele zusteuern, Rückenwind geben.

Stelle dir vor …
… du machst es dir in einem Sessel oder auf dem Sofa gemütlich und nimmst statt der Fernbedienung dieses Buch zur Hand. Nun bist du nicht mehr auf das vorgegebene Fernsehprogramm angewiesen, sondern kannst deinen ganz persönlichen Film vor deinem inneren Auge ablaufen lassen. Die Umsetzung der Worte in die Bilder deiner inneren Erlebniswelt ist deinem Unterbewusstsein vorbehalten. Als hilfreiche Mitarbeiter stehen dir deine Geisteskraft und deine Eingebungen zur Seite. Ebenso gehören Fantasie, Intuition und vor allem deine geheimen Wünsche mit zum Team. Wenn nach der ersten Klappe die Bilder vielleicht noch nicht sofort

scharf sind, lässt du deinem inneren Kameramann etwas Zeit, damit er und die anderen Mitarbeiter sich erst einmal aneinander gewöhnen und sich einspielen können. Mit etwas Übung werden alle Beteiligten immer sicherer und laufen zur Höchstform auf, sodass am Ende ein ganz eigenes inneres Spektakel stattfindet, bei dem du die Hauptrolle spielst.

Durch die aktive Entwicklung von inneren Bildern erlaubst du dir, deinen Impulsen zu folgen. Dies lässt dich innerlich Handlungen ausprobieren, die dir deine bisherigen Denk-, Gefühls- und Verhaltensmuster nicht erlaubten. Dadurch veränderst du die Erfahrungsmöglichkeiten und Verarbeitungsmuster bis in die neuronale Ebene deines Gehirns, sodass dort Umstrukturierungen ermöglicht werden, die Wünsche wahr werden lassen.

Weshalb Heilmeditationen?

Bei Heilmeditationen geht es um Vorstellungen aus allen Sinnesbereichen, z. B. um visuelle, auditive, kinästhetische, aber auch um Geschmacks- und Geruchsvorstellungen. Der Inhalt der Vorstellungen ist dabei abhängig vom Ziel der Heilmeditation.

Als Kind war eine bildliche Vorstellungskraft ganz selbstverständlich für uns, da wir bis zu einem gewissen Alter in magischen Bilderwelten lebten. In unserer kindlichen Vorstellung konnten Grashalme und abgebrochene Äste zu Lebewesen werden oder Elfen und Feen plötzlich hinter einem Baum hervorschauen. Tiere haben mit uns gesprochen, und Engel waren unsere Begleiter. An diese Quelle der innerlich empfundenen Realität knüpfen wir nun wieder an.

Es besteht eine intensive Wechselwirkung zwischen unseren Gedanken und den daraus resultierenden Vorstellungen mit unseren körperlichen Wahrnehmungen. Fühlen wir uns längere Zeit ängstlich, ohnmächtig, hilflos oder niedergeschlagen, neigen wir leichter dazu, uns einen Infekt einzufangen oder ein anderes Symptom zu entwickeln. Genießen wir andererseits Zeiten der Zuversicht, des Hochgefühls oder des positiv Gestimmtseins, sind wir im Allgemeinen auch belastbarer.

Heilmeditationen bewirken eine Beruhigung oder Erleichterung und meistens auch eine Entspannung. Dadurch können sie helfen, unsere körpereigenen Selbstheilungskräfte zu aktivieren und zu stärken. Aufregung, Stress oder Belastung hingegen reduzieren unsere Immunabwehr. Unser Körper liefert über die Entspannung eine »Antistressantwort«: Der Blutdruck sinkt, der Puls wird langsamer, Stresshormone werden abgebaut, sogenannte Glückshormone werden produziert. Durch Entspannung lässt sich die Produktion von entzündungshemmenden und antitumoralen Botenstoffen leichter anregen. Dabei ist auffallend, dass besonders der Stoffwechsel unserer Billiarden von Mitochondrien, die unseren Zellen das energiereichste Molekül überhaupt liefern, positiv beeinflusst wird. Ebenso günstig wirkt sich die Entspannung auf die Insulinproduktion, die Stärkung des Immunsystems und die Zellerneuerung aus.

Während einer Heilmeditation verbinden wir uns neuerlich mit der Überzeugung, dass unser Leben viel erfüllter, sinnlicher, praller, farbiger und kreativer ist, als es sich im Augenblick darstellt. Wir aktivieren unsere Neugier, unseren Forscherdrang und all unsere lebendigen Impulse. Wir verbinden uns mit der Erfahrung, ganz bewusst Schöpfer unserer körperlichen und seelischen Wirklichkeit zu sein. Wir verschmelzen mit der bedingungslosen Liebe und unserer Weisheit, die uns aus unserem tiefsten Inneren entgegenkommen, die unser eigentliches Wesen sind. Und letztlich werden wir eins mit der neu erwachenden Freude, Kraft und Abenteuerlust, mit denen wir unser Leben jetzt als unseren ureigensten Ausdruck in die Hand nehmen und entfalten.

Was Heilmeditationen bewirken

Auswirkungen auf den Körper:

- Stärkung des Immunsystems
- Senkung des Blutdrucks
- Verbesserung der Schlafqualität
- Reduzierung der Schmerzintensität
- Steigerung der Leistungsfähigkeit
- Verzögerung des Alterungsprozesses

Auswirkungen auf die Psyche:

- Linderung von Ängsten und Depressionen
- Steigerung der Gelassenheit in Stresssituationen
- Stärkung des Mitgefühls und der Zufriedenheit
- Besserung von Achtsamkeit und Geduld
- Steigerung der Wertschätzung und der Dankbarkeit
- Förderung der emotionalen Intelligenz und der Selbstregulation
- Verbesserung der Eigenwahrnehmung (Bedürfnisse, Grenzen, Bauchgefühl)

Auswirkungen auf den Geist:

- Steigerung der Intelligenz und Gedächtnisleistung
- Steigerung der Konzentrationsfähigkeit und geistigen Flexibilität
- Förderung der Kreativität
- Erhöhung des Bewusstseins
- Überwindung negativer Gedanken

Was hat die Geistige Welt mit Heilmeditationen zu tun?

Was genau ist das, die Geistige Welt? Ist es ein anderer Planet, ein anderes Universum, etwas, was nur in unserer Vorstellung existiert? Gibt es diese Geistige Welt überhaupt? Nun könnte ich Nein sagen und gleichzeitig auch Ja. Denn wenn ich trenne, mich in der Polarität aufhalte, dann gibt es sie auf einer anderen Ebene, in einer anderen Dimension. Wenn ich aber Ja sage, dann bin ich in der Einheit, denn alles, was ist, ist auch in mir, bin auch ich. Deshalb sind wir mitten in dieser Geistigen Welt, wir sind durchdrungen von ihr, sind ein Teil von ihr, und sie ist ein Teil von uns.

Heute brauchen wir niemanden mehr, der uns einen Zugang zu dieser geheimnisvollen Welt verschafft. Wir dürfen uns selbst erlauben, die Türen in uns zu öffnen, die uns in Räume bringen, in denen wir Antworten erhalten aus Sphären, die wir jahrhundertelang im Himmel verortet haben. Dort oben lebten die Engel, Erzengel, Elohim, Aufgestiegenen Meister und Geistführer. Geschickt trennten wir diese Ebene von unserer. Über Jahrhunderte hinweg genehmigten wir uns, in gut und böse, schwarz und weiß, richtig und falsch zu trennen. Insofern brauchte es Riten, Einweihungen und Initiationen, um Hilfe aus diesen Ebenen zu erhalten.

Da die Geistige Welt unsere physische Welt durchdringt, kann sie den gleichen Raum einnehmen, wenn auch in einer höher schwingenden Dimension. Während der Heilmeditationen schwingen wir uns selbst in diese Dimensionen, in höhere Bewusstseinsebenen auf. Da diese Ebenen von höher schwingenden Wesenheiten bevölkert sind, können wir auch mit diesen in Kontakt treten.

Sich mit der Geistigen Welt zu verbinden, ist aber nicht nur wenigen Auserwählten vorbehalten, sondern jeder Mensch, ganz gleich welchen Alters und Geschlechts, ist dazu in der Lage. Wir dürfen uns wieder rückerinnern, wer wir wirklich sind. Wir alle sind geistig-spirituelle Wesen, die irdische Erfahrungen machen. Die Engel und geistigen Führer in uns können uns die Tür zu tiefer Selbsterkenntnis und persönlichem Wachstum öffnen. Damit haben wir nicht nur die Chance, den verborgenen Plan unserer Seele zu erkennen, sondern auch im Einklang mit unserer wahren Bestimmung zu leben. Außerdem kann die Anbindung an diese höher schwingende Ebene, die wir in unserer inneren Erlebniswelt erreichen, verschiedenste Heilprozesse in Gang setzen. Da wir auf dieser Ebene unsere geistigen Helfer, Geistführer, Engel oder Mentoren treffen können, erhalten wir unter anderem auch Informationen zu früheren Leben und Hilfestellungen für unser aktuelles Leben auf Erden. Wir sind dadurch in der Lage, unser feinstoffliches Energiesystem ins Gleichgewicht zu bringen und somit mehr Lebenskraft durch uns pulsieren zu lassen. Diese Lebenskraft nennt man in China und Thailand auch »Chi«, während sie in Japan »Ki« und in Indien »Prana« genannt wird. In Indonesien spricht man von »Mana«, und Wilhelm Reich nannte sie »Orgon«.

Ich möchte dich dazu einladen, offen zu sein für die Wunder der Geistigen Welt, die in deiner inneren Weite beheimatet ist.

»Lebe so, dass du sagen kannst:

Die Vergangenheit
ist Geschichte,

die Zukunft
ist ein Geheimnis,

doch dieser Augenblick
ist ein Geschenk.«

(Indische Weisheit)

Der rote Faden durch das Buch

Sofern du noch keine Erfahrung in der Anwendung von inneren Reisen und Meditationen hast, lasse dich nachfolgend inspirieren. Solltest du allerdings geübt und versiert sein, kannst du diesen Teil gern überspringen.

Gehe respektvoll, achtsam und liebevoll mit dir um. Deine innere Haltung zu dir selbst spiegelt sich in jedem Wort, in jeder Mimik und in jeder Gestik wider. Liebe, Wertschätzung und Achtsamkeit leuchten durch dein gesamtes Tun, durch deine Vorbereitung, Durchführung und auch durch deine eventuelle Nachbearbeitung.

Um die Inhalte der Heilmeditationen zu unterstützen, ist es sinnvoll, eine stimmige Hintergrundmusik abzuspielen. Es eignen sich flächige Klänge, die Ruhe und Entspannung transportieren und den Geist still werden lassen. Durch sanfte, langsame, angenehme Klänge kann ein gelöster und entspannter Zustand gefördert werden. Alles, was die Aufmerksamkeit vom Objekt der Fokussierung ablenkt, ist dabei eher hinderlich. Naturgeräusche schaffen das Gefühl der Verbundenheit mit allem und vertiefen es. Manche Meditationen, in denen Kreativität gefragt ist, brauchen mehr Anregung. Mit einer klangvollen Musik lässt sich diese leichter erreichen.

Die Vorbereitung

Finde den richtigen Zeitpunkt für deine Meditationspraxis. Nimm dir genügend Zeit dafür, damit du nicht in Stress gerätst. Schaffe dir einen ruhigen, Geborgenheit vermittelnden Rahmen, der es dir erlaubt, dich mit dir selbst wohlzufühlen. Trage bequeme Kleidung, in der du gut atmen kannst. Schalte dein Handy ab, und sorge dafür, dass du nicht gestört wirst. Spiele eine passende Hintergrundmusik für die Meditation ab. Verdeutliche dir, dass sich alles, was du liest, in deiner Innenwelt abspielt und du jederzeit das Geschehen verlassen kannst, wenn dich etwas beunruhigen sollte.

Der Aufbau der Meditationen

Fast alle Meditationen gliedern sich in vier Teile. Sie beginnen mit einer Einleitung, einer sogenannten Tranceinduktion, die das Hineingleiten in die Entspannung begünstigt. Diese braucht es, damit du deine Wahrnehmung nach innen richten und in deine eigene innere Welt eintauchen kannst. Nachfolgend werde ich dir einige Tranceinduktionen vorstellen, die du vielen der folgenden Meditationen voranstellen kannst. Dadurch hast du die Möglichkeit, die Einleitungen zu variieren. Manchmal ist es sinnvoll, eine lange und langsam tiefer gehende Einleitung zu wählen, weil du z. B. sehr gestresst bist und nicht so schnell loslassen kannst. Ein anderes Mal ist eine kurze, knappe Tranceinduktion dienlich, da du schon einigermaßen entspannt bist. Für einige der Meditationen sollten aber die dazu angeführte Tranceinduktion und der entsprechende Ausleitungstext genutzt werden, da es bei diesen Reisen die ideale Variante ist.

Der zweite Teil besteht meistens aus dem Besuch des sicheren Ortes. Viele Reisende berichten, dass ihnen das Ankommen an einem sicheren Ort hilft, sich voll und ganz auf die Meditation einzulassen. Wenn allerdings der Hauptteil einer Reise im Herzensraum beginnt, kann auf den Besuch des sicheren Ortes verzichtet werden, da der Herzensraum den sichersten Ort in der inneren Erlebniswelt überhaupt darstellt.

Im Hauptteil geht es dann um die eigentliche Meditation. Der Part, während dem Heilung an Körper, Geist und/oder Seele geschehen kann. Es gibt geistig-spirituelle Grundlagen, die bei diesen Meditationen ihre Anwendung finden, um die Vorstellungskraft und die unbewussten Potenziale in tiefer Entspannung konzentriert einzusetzen. Tief in unserem Inneren spüren wir z. B., dass wir mehr sind als ein winziger, unbedeutender Teil des Ganzen. Wir bemerken, dass alles in einem Bewusstseinsfeld, in einem gemeinsamen Schöpfungsraum, verbunden ist. Dieser Schöpfungsraum ist ein Feld reinen Potenzials, das auch als »kollektives Bewusstsein« bezeichnet wird und an das wir uns während der Meditation anschließen können.

Durch die Energiezufuhr wird nicht nur die Gesundheit gestärkt, damit energetische Blockaden mit ihren krank machenden Informationen gelöst werden, sondern es werden auch Hindernisse überwunden und das Leben dadurch erfolgreicher gestaltet. Wissenschaftliche Untersuchungen belegen, dass es für unser Gehirn keinen Unterschied ergibt, ob wir etwas real erleben, oder es uns nur intensiv vorstellen. In unserem Gehirn laufen annähernd dieselben Prozesse ab, egal, ob wir die Orte der Heilung nur imaginieren oder tatsächlich real dort sind. Die ausgeschütteten Botenstoffe sind dabei fast identisch.

Der Schluss dient dem Wiederhinausführen in die äußere Realität. Bei der Innenweltarbeit gibt es eine Regel, die da heißt: wie herein, so auch hinaus. Insofern soll das Hinausführen Elemente des Hereinführens beinhalten, damit es dir leichtfällt, wieder in die Gegenwart, ins Hier und Jetzt, zurückzufinden. Aus diesem Grund findest du nach den Tranceinduktionen auch die dazu passenden Texte zum Hinausführen. Dieses Zurückführen ins Hier und Jetzt erfolgt mit einem kürzeren Text, der von dir mit sanft ansteigender und dynamischer werdender Stimme gelesen werden sollte.

Jeweils drei Sternchen zeigen an, dass ein neuer Teil der Meditation beginnt. Nach der Einleitung folgt *** der sichere Ort, dann *** der Hauptteil und schließlich *** das Hinausführen.

Die Durchführung der Meditationen

Atme während des Lesens ruhig und gleichmäßig und so langsam, dass sich aus den Worten in deinem Geist ein Klangteppich bildet. Lasse deine Schultern entspannt nach unten sinken und deinen Bauch weit und weich werden.

Die Gedankenstriche zeigen dir, wo kurze Pausen angebracht sind, damit du Zeit hast, deine eigenen Vorstellungen zu entwickeln und deinen inneren Wahrnehmungen zu folgen. Längere Sprechpausen sind mit zwei Gedankenstrichen gekennzeichnet. Es ist wichtig, dass du deinen eigenen Sprechrhythmus, dein Zeitgefühl findest. Sind die Pausen zu kurz, könntest du dich gehetzt fühlen. Sind sie zu lang, steigst du gedanklich vielleicht aus oder verlierst innerlich den Faden.

Die verwendeten Sprachmuster

Um in dir möglichst wenig inneren Widerstand zu wecken, habe ich die meisten Texte in einer sehr offenen Sprache verfasst. Offen bedeutet, dass du deinen eigenen inneren Film entwickeln darfst. Du kannst innerlich selbst entscheiden, ob du etwas sehend, fühlend, hörend, riechend oder schmeckend wahrnehmen möchtest. Bereits das Wort »wahrnehmen« öffnet alle deine Sinneskanäle. Es gibt noch viele solcher unspezifischen Verben, die optimal dazu geeignet sind, dir dein eigenes inneres Erleben zu ermöglichen.
Zum Beispiel: lernen, denken, erlauben, erfahren, lösen, entdecken, finden, wissen, integrieren, verbinden, verändern etc.

Auch Nominalisierungen dienen diesem inneren Prozess. Es sind Substantive, die in der Sprache zwar wie Gegenstände verwendet werden, jedoch mit unseren fünf Sinnen nicht wirklich erfassbar sind. Sie sind abstrakt und eignen sich hervorragend dazu, um im

Zuhörer ganz persönliche Gefühle, Erinnerungen und Assoziationen zu wecken, die deutlich weitreichender sind als das betreffende Wort allein.

Zum Beispiel: Liebe, Zuneigung, Frieden, Ausgeglichenheit, Freude, Wohlbefinden, Glück, Harmonie, Freiheit etc.

Mit Konjunktionen lassen sich zwei voneinander unabhängige Aussagen scheinbar logisch verbinden. Dadurch entstehen »Bandwurmsätze«, die von deinem Verstand nicht mehr zerpflückt werden.

Zum Beispiel: und, und nicht, oder, sowie etc.

Auch zeitliche Angaben habe ich in diese spezielle Logik integriert.

Zum Beispiel: während, bevor, gleich, bald, nachdem, in einer Weile etc.

Ich habe noch viele andere Sprachmuster verwendet, doch das Wissen um die einzelnen ist hier nicht relevant. Ich möchte dir lediglich verdeutlichen, dass es inhaltlich nicht hilfreich ist, die Texte logisch zu hinterfragen.

Praktische Anwendung des Buches

Die erste Reise dient dem Etablieren des sogenannten sicheren Ortes. Da du in der Innenwelt sehr intensiv mit deinem Unterbewusstsein arbeitest, solltest du dir selbst die Sicherheit geben, dass du, was immer auch geschieht, in dir selbst Schutz und Obhut finden kannst. Deshalb ist es sinnvoll, mit dieser Reise zu starten. Die darauffolgenden zwei Meditationen bauen aufeinander auf und sollten demzufolge auch in der angegebenen Reihenfolge durchgeführt werden, damit der größtmögliche Effekt damit erzielt werden kann. Viele der nachfolgenden Meditationen greifen immer wieder auf Teile dieser ersten drei zurück. Vor jeder Meditation gehe ich kurz auf die entsprechenden Inhalte und auf die Wirkungsweise ein. Außerdem erhältst du eine ungefähre Zeitangabe, die du für das Lesen der Meditation benötigen wirst, sodass du dich etwas orientieren kannst.

Durch Kartenziehen oder kreative Prozesse, wie z. B. Malen oder Gestalten, kannst du dich selbst dazu anregen, deine Erlebnisse und Erfahrungen tiefer zu verarbeiten.

Dein Smartphone bietet dir die Option, die Meditationen aufzusprechen und sie mit Musik zu hinterlegen. Somit hältst du mit diesem Buch einen Fundus in Händen, der es dir ermöglicht, auf ein kostengünstiges, umfassendes und effektives Werkzeug zurückzugreifen.

Tranceinduktionen und die passenden Hinausführungstexte

1. Beobachten, was kommt und geht

Mache es dir ganz bequem – suche dir die Position, die sich für dich gut anfühlt – dann rücke dich so zurecht, dass du dich gleich nicht mehr bewegen musst – sodass du deine Augen schließen kannst, in dem Bewusstsein, sicher und getragen auf der Unterlage zu liegen oder zu sitzen – auch wenn Geräusche hier in diesem Raum oder von außen dazu beitragen, dich tiefer und tiefer zu führen – und du kannst für dich entscheiden, auf welche Art du heute loslassen möchtest – denn du hast die Wahl, meiner Stimme zu folgen – der Musik zu lauschen – oder deine Gedanken zu beobachten – jeder Mensch hat seinen ganz eigenen Weg, in die Entspannung zu finden – und auch du wirst deinen Weg dahin finden, jetzt oder gleich – währenddessen du eine Zeit lang einfach deinen Atem beobachten kannst – bemerken kannst, wie er kommt und geht – und lasse es einfach geschehen, dass dieses Kommen und Gehen von allein passiert – dass es dich einfach atmen kann – während du dir erlaubst, zeitgleich deine Gedanken zu beobachten – die genau wie dein Atem einfach von selbst kommen und gehen – so, wie Wolken am Himmel dahinziehen – und genau wie die Wolken kannst du auch einfach deine Gedanken ziehen lassen – und dabei bemerken, wie dein Körper ruhiger wird – und du dich treiben lassen magst – so, wie die weißen Wolken, die von irgendwoher kommen und irgendwohin ziehen – und es ist gleichgültig wohin – denn deine Gedanken werden gleichgültig, unwichtig – und es wird auch immer weniger wichtig, wie diese Wolken dahinziehen – und ob es große oder kleine sind – ob sie schnell oder langsam ziehen – denn dieses Kommen und Gehen lässt dich ruhiger und entspannter werden – ein angenehmes Gefühl, einfach daliegen zu können, sich auszuruhen und die Wolken zu beobachten – die ihre Form und ihre Farbe immer wieder wechseln – mal mehr, mal weniger werden – so, wie dein Körper sich mal mehr, mal weniger leicht oder schwer anfühlt – und du dir erlauben kannst, deine Entspannung immer mehr zu genießen – dir einfach diese Momente angenehmer Ruhe zu gönnen – und dabei zuzulassen, dass dein Körper schläft, sich ausruht, während dein Geist hellwach bleibt und meiner Stimme folgt –

Hinausführen

während du zurückkommst – zurück ins Hier und Jetzt, denn es wird Zeit, deine Reise zu beenden – und dieses Zurückkommen in die physische Realität bedeutet, dass du deine Gedanken wieder wie Wolken dahinziehen siehst – Wolken, die mit jedem Einatmen mehr werden – und mit jedem Ausatmen schneller ziehen – und jeder weitere Atemzug bringt dich mehr und mehr an die Oberfläche des Seins – wo die Wolken ihre Form und Farbe immer wieder verändern – und mit jedem Atemzug kannst du bemerken, dass frische Kraft in deinen Körper strömt – kannst dich recken und strecken – dich rekeln und dehnen auf der Unterlage – und zurückkommen, ganz zurück ins Hier und Jetzt – und wenn du dich bereit fühlst, öffne sanft die Augen, und fühle dich hier wieder zu Hause.

2. Wahrnehmen, was ist

Spüre noch einmal in deinen Körper, ob du wirklich bequem sitzt oder liegst, oder ob du noch etwas verändern magst – vielleicht willst du dich etwas gerader hinsetzen oder legen oder auch etwas schräger – spüre einfach in dich hinein, und bemerke, wie es für dich richtig und stimmig ist – und wenn du dann deine Position gefunden hast, weißt du, es gibt nichts mehr zu tun, nichts Richtiges und auch nichts Falsches – du kannst dir erlauben, ganz bei dir zu sein – bemerke, wie dein Atem deine Bauchdecke hebt und senkt – und während du so atmest, hörst du alles, was in deinem Umfeld zu hören ist – und ganz egal, was du wahrnimmst, wenn du zu all dem JA sagst und es annimmst, verhilft es dir zu einer tieferen Entspannung, als du dir vorstellen kannst – und in diesem tiefen Entspanntsein bemerkst du, wie dein Körper hier sitzt oder liegt – nimmst deinen Herzschlag wahr – und hast vielleicht auch noch andere körperliche Wahrnehmungen, die bewirken, dass du loslässt und tiefer sinkst – tief hinein in deine innere Erlebniswelt –

Hinausführen

lenke deine Aufmerksamkeit wieder zurück – zurück in deinen Körper im Außen – zurück auf die Unterlage, auf der du sitzt oder liegst – in dem Bewusstsein, alle Erfahrungen gespeichert zu haben, kannst du beginnen, dich zu bewegen – kräftiger zu atmen, dich einfach wieder zurückzuatmen ins Hier und Jetzt – dich zu dehnen und zu strecken, deine Augen wieder zu öffnen und alles wieder in der äußeren Realität wahrzunehmen.

3. Gedankenspiele

Die Augen sanft geschlossen, hast du dir diese Zeit ausgesucht, um wieder einmal zu dir selbst zu finden – dafür rückst du dich so zurecht, dass du spüren kannst, wie angenehm es ist, den Körper einfach der Unterlage anzuvertrauen – ihn sanft aus dem Bewusstsein zu entlassen – um zu hören, was es um dich herum zu hören gibt – denn all diese Geräusche kannst du nutzen, um einfach und leicht loszulassen – um gedanklich abzutauchen – und festzustellen, wie dein Atem kommt und geht – und noch während du deine Aufmerksamkeit auf deinen Atem richtest, der deine Bauchdecke hebt und senkt – können deine Gedanken einen Raum aufsuchen, in dem es dir möglich ist, sie zu beobachten – und dabei zu bemerken, wie sie diesen Raum regelrecht heimsuchen – auf und ab schweben vielleicht – oder von rechts nach links wandern – oder umgekehrt – große und kleine Gedanken spielen mit Gedankenketten – verbinden sich zu Sätzen – und lösen sich in Worten auf – heben ab – werden schwer oder leicht – vielleicht haben diese Gedanken Farben – sind bunt, grau oder vielleicht schwarz-weiß – manche formen sich möglicherweise zu Bildern – andere zu ganzen Szenen – und noch während du in diesem Gedankenraum das Treiben seiner Bewohner beobachtest – mag dir plötzlich einfallen, wie einfach und leicht du hier für Ordnung sorgen kannst – wie es dir möglich wird, alle Gedanken aus diesem Raum hinauszuschicken – vielleicht auch hinauszujagen – oder sie sich auflösen zu lassen – und geschickt kann es dir gelingen, diesen nun leeren Gedankenraum fest zu verschließen – sodass du spüren kannst, wie es sich anfühlt, in der Leere angekommen zu sein – denn nun wird es dir auch möglich, deinen

Geist freizulassen – ihm mithilfe deiner Atmung Flügel zu verleihen – und die Ruhe und eingekehrte Entspannung zu nutzen, um in deiner Mitte anzukommen – und lasse dich überraschen, wann und wie du dies bemerken wirst – –

denn wahre Meister erobern sich kontinuierlich ihre Geistes- und Gedankenkraft – und so ist es auch dir möglich, die Stille deines Geistes zu vernehmen und auf seinen Flügeln zu verweilen – sodass du eintauchen kannst in die Welt deiner inneren Bilder und Gefühle –

Hinausführen

hier darfst du noch einige Zeit verweilen, bevor dein Atem dich wieder zurückträgt ins Hier und Jetzt – denn mit jedem Einatmen strömen Wachheit und Frische in dich – und mit jedem Ausatmen füllt sich dein Gedankenraum mit Fetzen aus dem Hier und Jetzt – sodass du dich dehnen und strecken magst, um wieder ganz in diesem Raum im Hier und Jetzt zu sein und die Augen zu öffnen.

4. Körperscan

Mache es dir ganz bequem – rücke dich noch einmal so zurecht, dass du wirklich bequem sitzt oder liegst – damit du gut atmen kannst – tief in den Bauch atmen kannst – und dann kannst du wissen, dass es jetzt für dich nichts mehr zu tun gibt – dass du einfach der Musik und meiner Stimme lauschen kannst – die dich vielleicht dahin führen, dass du in der Lage bist, innerlich Bilder wahrzunehmen – Gefühle zu fühlen und all deine inneren Sinne zu aktivieren – erlaube dir, dass dies ganz einfach geschieht, und erlaube es dir so, dass nichts muss, aber alles sein kann – jedwede deiner Wahrnehmungen darf so sein, wie sie ist – und so lenke jetzt deine Aufmerksamkeit auf deinen Atem – verfolge deinen Atem, der durch die Nase in dich hereinströmt und durch den leicht geöffneten Mund wieder hinausfließt – erlaube dir, ganz tief zu atmen, sodass deine Bauchdecke sich wölbt – und beim Ausatmen zurücksinkt – bleibe mit deiner ganzen Aufmerksamkeit bei deinem Atem, sodass du viel-

leicht sogar Kühle in deiner Nase spüren kannst, dort, wo die Luft hereinströmt – und wenn du beim Ausatmen einen kleinen Ton von dir geben magst, dann tue dies einfach – ein Ton, der dich mehr und mehr zu dir bringt – und dann entlasse deine Aufmerksamkeit von der Atmung, und lenke sie zu deinen Füßen – spüre, wie deine Füße die Unterlage eindrücken und wie sich das anfühlt – und bei allem, was du fühlst, bleibe Beobachter, bewerte es nicht, denn alles darf sein – und wenn du nun mit deiner Aufmerksamkeit von den Füßen nach oben Richtung Becken wanderst, dann bemerke, wie sich deine Beine anfühlen – spüre, ob du die Muskulatur anspannst oder locker lässt – allein deine bewusste Absicht genügt, und du kannst all die Anspannungen in deiner Muskulatur loslassen – und so kannst du auch bemerken, ob du dein Gesäß zusammenkneifst oder locker lässt – und wenn dann deine Aufmerksamkeit den Rücken hochwandert, spürst du, wenn du liegst, die Unterlage in deinem Rücken – und möglicherweise auch Verspannungen oder gar einen Schmerz – was auch immer da sein mag, gib dein innerliches Ja dazu – ja, im Moment ist es so, und du kannst loslassen, lockerlassen, dorthin atmen, wo etwas kneift oder schmerzt – um dann zu bemerken, dass deine Aufmerksamkeit in deinen Bauch und in deinen Brustkorb wandern kann – die sich beide immer noch heben und senken im Rhythmus deines Atems – und du dabei bemerken kannst, dass es dich atmet – denn es geschieht absichtslos und einfach so – und wenn du dann deine Aufmerksamkeit in den Schulter- und Nackenbereich lenkst, kannst du wahrnehmen, ob du die Schultern hochziehst oder locker lässt – und indem du sie locker lässt, wandert die Aufmerksamkeit von den Schultern in die Arme und weiter in die Hände, bis vor in die Fingerspitzen – sodass du auch hier bemerken kannst, was es zu fühlen gibt – und dann lenke die Aufmerksamkeit in deinen Kopf – möglicherweise sind da Gedanken, vielleicht kreisen sie, vielleicht ziehen sie, vielleicht sind sie flüchtig – so flüchtig wie die kleinen weißen Wölkchen, die der Wind am Himmelszelt entlang bläst – sie dürfen dahinziehen, haben Urlaub, denn du sinkst nach innen, in die Welt deiner Bilder und Gefühle – in deine innere Erlebniswelt, in eine Wahrnehmung, die du durchaus selbst kreieren kannst –

Hinausführen

und wenn du dann einen kräftigen Atemzug nimmst, kannst du wahrnehmen, dass du auf deiner Unterlage liegst – und wenn du noch weitere kräftige Atemzüge nimmst, kannst du auch feststellen, wie sich dein gesamter Körper anfühlt – den du langsam dehnen und strecken magst – den du rekeln und recken willst – um in deiner Geschwindigkeit wieder ganz im Raum anzukommen – und langsam die Augen zu öffnen und wieder voll im Hier und Jetzt zu sein.

5. Wolkentanz

Indem du dir jetzt Zeit für dich nimmst, um zu entspannen, loszulassen und dich auszuruhen – kannst du dir erlauben, die Augen zu schließen und hineinzusinken in die Unterlage – kannst der Musik zuhören oder auch meiner Stimme folgen – die dich auffordert, tief und ruhig einzuatmen und alles auszuatmen, was du jetzt gerade nicht brauchst – und mit diesem achtsamen Ein- und Ausatmen kann dir bewusst werden, wie deine Wahrnehmung sich verändern mag – wie du vielleicht deinen Körper anders spürst – oder dein Hierliegen oder Hiersitzen sich verändert anfühlt – wie deine Gedanken kommen und gehen können – wie der Wind, der im Herbst bunte Blätter vor sich herweht – und so ist es dir jetzt vielleicht möglich, deine Gedanken diesem Wind anzuvertrauen – sodass sie einfach und leicht nach oben schweben, getragen von der Thermik – bewegt durch die Kraft der Elemente – und es fällt dir leicht, diesen Gedanken nachzuschauen und sie zu beobachten, wie sie als kleine Wolken langsam dahinsegeln – zu bemerken, wie sie einander kurz besuchen – und wie sie weiterziehen, einmal von links nach rechts und dann wieder von rechts nach links – manchmal scheint es, als ob sie einen Tanz aufführen, dort oben in den Lüften – denn sie drehen und winden sich, schließen sich zusammen und trennen sich wieder – und je länger du schaust und beobachtest, desto leichter fällt es dir, einzutauchen in die Ruhe und Stille des Seins – in einen Zustand des Gelöstseins und der Sorglosigkeit – und je weiter dieser Zustand sich ausbreitet, sich ausdehnt – desto leichter kann es dir fallen, dich körperlich und mental zu öffnen für das Hineinsinken in die Welt deiner Bilder und Gefühle –

Hinausführen

denn jetzt ist es Zeit, wieder in die äußere Welt zurückzukommen – indem du dir einfach wieder die Wolken, die am Himmel dahinziehen, in dein Bewusstsein bringst – und mit dem Beobachten dieser Wolken ist es dir ganz leicht möglich, wieder kräftig ein- und auszuatmen – und dabei wacher und frischer zu werden – meine Stimme und die Musik wieder lauter hörend, bewegst du deine Hände und Füße – und bist mit dem nächsten kräftigen Atemzug wieder ganz im Hier und Jetzt – und öffnest die Augen.

6. Gedanken loslassen

Mache es dir auf deiner Unterlage ganz bequem – sollte noch etwas stören, beseitige oder ignoriere es – dann schließe sanft die Augen, und lenke deine Aufmerksamkeit auf deinen Körper, der ganz sicher und bequem hier liegt oder sitzt – und während dein Körper hier liegt oder sitzt und tiefer in die Unterlage einsinkt, hörst du meine Worte und die Musik, die an deine Ohren dringen – beides kann bewirken, dass du in deiner eigenen Geschwindigkeit loslässt und dabei tiefer und tiefer sinkst – und dieses Tiefersinken ist oft begleitet von Gedanken, die dahinziehen wie Wolken am Himmel – mal träge, mal schnell, mal flatterhaft, mal gemächlich – und wenn es dir gelingt, diesen Gedanken immer mehr ihren Lauf zu lassen – bringt dich dies immer mehr in einen Zustand des Gelöstseins – und ob du dieses Gelöstsein bemerken kannst, jetzt oder gleich, oder auch nicht, ist unerheblich – denn Loslassen geschieht, und in das Geschehenlassen ist das Loslassen eingebettet, und ein Tiefersinken folgt – und während all dies von allein passiert – kann dein Körper hier schlafen und dein Geist dabei hellwach sein – kann Entspannung eintreten und Anspannung weichen – weichen wie der Atem nach einem schnellen Lauf oder – weichen wie ein Gedanke, der nicht gedacht werden will – sodass du eintauchen kannst in die gedankenstille Welt deiner Bilder und Gefühle –

Hinausführen

du kannst dir noch einmal deine Erlebnisse kurz vor Augen führen – bevor du dich bereit machst, wieder ins Hier und Jetzt zurückzukehren – indem du meine Stimme und die Musik wieder anders, vielleicht lauter hörst – und deinen Körper wieder auf der Unterlage wahrnimmst – kannst du bemerken, dass auch deine Gedanken wieder zurückkommen – und mit dem Zurückkommen der Gedanken ist es dir auch möglich, deinen Körper wieder zu bewegen, zu dehnen und zu strecken – während du gleichzeitig wieder kräftiger ein- und ausatmest und dabei wacher und frischer wirst – mit jedem Atemzug atmest du mehr Sauerstoff ein, als du brauchst – atmest Wachheit und Frische ein – und mit dem Bewegen der Hände und Füße kommst du wieder vollständig zurück ins Hier und Jetzt und öffnest deine Augen.

7. Zählen

Mache es dir nun ganz bequem – wenn du magst, kannst du die Hände sanft auf den Bauch legen oder die Arme neben dem Körper ablegen – die Beine locker nebeneinander – gleichzeitig wird dein Atem ruhiger und gleichmäßiger – er kommt und geht – mit jedem Atemzug förderst du die Entspannung und Ruhe – und während ich gleich langsam bis 10 zähle, kannst du dich von mir begleiten lassen in die innere Stille und Ausgeglichenheit – und jedes Geräusch, das an dein Ohr dringt, trägt zu dieser Stille und Ausgeglichenheit bei –
1 – atme ganz ruhig – und sinke tiefer – genieße dabei –
2 – du kannst nun den Alltag vergessen – geschehen lassen –
3 – du bist frei, dich ganz gelöst zu fühlen – Ruhe zu finden – dich behütet zu fühlen –
4 – du kannst dich ganz unbeschwert fallen lassen – entspannen – weicher werden –

5 – genieße es, gelöst und locker zu liegen oder zu sitzen –
Stille wahrzunehmen – ruhig zu atmen –

6 – lasse einfach alles geschehen – sinke tiefer – träume –

7 – es fällt dir immer leichter, einfach loszulassen – Vertrauen
zu haben –

8 – genieße das angenehme Gefühl der Entspannung – werde
weicher –

9 – vielleicht kannst du die innere Stille fühlen – ruhig atmen –

10 – du bist frei, ganz bei dir zu sein – geschehen zu lassen – und
während dein Atem dich trägt, kannst du loslassen – eintauchen
in die Welt deiner Bilder und Gefühle –

Hinausführen

und langsam wird es Zeit, wieder in die äußere Wirklichkeit zurückzukehren   wenn ich nun von 5 nach 1 zähle, wirst du bei 1
wieder vollkommen wach und frisch sein –

5 – allmählich nimmst du die Unterlage wieder wahr –

4 – und du atmest Wachheit und Frische ein –

3 – langsam bewegst du deine Hände und Arme –

2 – und deine Beine und Füße –

1 – du fühlst dich ausgeruht und voller Energie –

öffnest die Augen, während du dich noch einmal dehnst und
streckst – nimm nun den Raum um dich herum wahr, und genieße
die Energie und Ausgeglichenheit, die du mit zurück ins Hier und
Jetzt gebracht hast.

8. Verwirrung

Und indem du spürst, wie du hier liegst – wie dein Körper die Unterlage berührt – und wie es sich anfühlt, hier zu liegen – kannst du die Augen schließen, um ganz bei dir zu sein – kannst außerdem bemerken, wie dein Atem kommt und geht – und wie er dabei deine Bauchdecke hebt und senkt – und wie dein Brustkorb sich im gleichen Rhythmus bewegt – einatmen und sich ausdehnen – ausatmen und loslassen – einatmen, um anzukommen – ausatmen, wo du schon immer warst – und dieses Ankommen, wo du schon immer warst, bewirkt, dass du dich auf den Weg machst, den es nicht gibt – und dieser Weg ist das Ziel – wo du schon immer warst – und das Einzige, das du dabei wissen kannst, ist, dass du nichts weißt – und dieses Nichtwissen kann dazu führen, dass du glaubst, irgendwo zu sein, wo du nicht bist – denn hinter Glauben und Wissen sind Nichtwissen und Nichtsein versteckt – und was du meinst, zu sehen, gibt es in Wirklichkeit nicht – denn was du sehen kannst, ist nicht wirklich – ist nicht sichtbar – und diese unsichtbare Wirklichkeit kann dazu führen, dass du erkennen kannst, schon angekommen zu sein – kann dazu führen, dass du bemerkst, dass du nie fort warst – kann dazu führen, dass du erlebst, was es heißt, zu sein – und in diesem Sein steckt das Wissen von Nichtwissen – liegt der Weg vom Ankommen – ist die Wirklichkeit des Unwirklichen – versteckt sich die Illusion vor der Wahrheit – in diesem Sein ist es dir möglich, deine Reise zu beginnen –

Hinausführen

und wenn du nun wieder zurückkommst in die Wirklichkeit –
kannst du bemerken, dass du nie fort warst – kannst mit dieser
Wahrnehmung beginnen, deinen Körper wieder zu bewegen –
denn auch hier bist du angekommen, um die Arme und Beine zu
dehnen und zu strecken – und egal, was du glaubst oder weißt, wirst
du beginnen, kräftiger ein- und auszuatmen – und dabei wacher
und frischer zu werden – sodass du mit deinem nächsten Atemzug
ganz einfach deine Augen wieder öffnen magst und ankommst im
Hier und Jetzt.

MEDITATIONEN
zum Öffnen
deines
Herzens

Deine Reise zum sicheren Ort

Hintergrund und Ziel dieser Meditation

Mit dieser ersten Meditation etablierst du in dir den sogenannten sicheren Ort. Es ist ein Platz, an dem Kraft, Ruhe, Schutz und Geborgenheit besonders stark ausgeprägt sind. Ein Ort, an dem dir auch Helfer aus der geistigen Ebene zur Verfügung stehen, sofern du dieses Weltbild teilen magst. Mache dir bewusst, dass du aus eigener Kraft und jederzeit in der Lage bist, dich auf diesen inneren Ort, auf die eigene innere Stärke zu verlassen. Ähnlich einem Glücksbringer, einem Amulett, das stets griffbereit zur Verfügung steht, das aber seine Kraft bereits durch seine Gegenwart und die gespürte Möglichkeit, es zu benutzen, entfaltet.

Dauer der Meditation: ca. 15 Min.

Mache es dir auf deiner Unterlage ganz bequem – so bequem, dass es dir wirklich angenehm ist, wie du hier so liegst, getragen vom Boden – umgeben von der Luft, die dich erhält und nährt – und während du so liegst, kannst du auch die Geräusche um dich herum wahrnehmen, die bewirken, dass du loslassen magst, entspannen willst – und vielleicht kannst du dir eine Treppe vorstellen – eine dir bekannte vielleicht oder auch eine Fantasietreppe, von der du weißt, dass sie 10 Stufen hat – einfach eine Treppe mit 10 Stufen – und während du dir die Treppe noch vorstellst, machen deine Füße schon den ersten Schritt auf die erste Stufe und bringen dich dadurch ein klein wenig mehr zu dir selbst – während du weitergehst auf die zweite Stufe – und dabei loslässt, zur dritten Stufe – und weiter und weiter loslässt nach vier – und auf deine eigene Art und Weise nach fünf – schon spürst, wie sich Gelöstheit und Entspannung ausbreiten nach sechs – und immer tiefer sinkst, tiefer, nach innen, nach sieben – um zu bemerken, wie kleine Wellen von Entspannung dich durchströmen nach acht – und das wohlige Gefühl von Schwere oder auch Leichtigkeit wahrnehmen nach neun – tiefer und tiefer sinken, sodass du deinen tiefsten Punkt schon näherkommen spürst – deinen tiefsten Punkt für heute, indem du die Treppe beendest nach zehn – und tief in deinem Inneren bist – ganz in deiner Mitte, ganz bei dir – und bemerkst, was alles hier wichtig für dich ist – denn hier ist es dir ganz einfach und leicht möglich, einzutauchen in die Welt deiner Bilder und Gefühle – –

*** um den Ort zu finden, der dir auf all deinen Reisen als Ort der Sicherheit dienen kann – deshalb nimm einfach wahr, was du jetzt sehen und fühlen kannst – schaue dich um, dort, wo du gerade bist – wie geht es dir an diesem Punkt? – was kannst du hören? – und noch während du beobachtest, was um dich herum geschieht – kannst du in einiger Entfernung einen überdimensional großen Spiegel erkennen, der dich magisch anzuziehen scheint – der Blick in diesen Spiegel zeigt dir den Weg zu deinem sicheren Ort – und auch, wenn es dir ungewöhnlich erscheinen mag, so ist es dir doch ganz einfach möglich, den Spiegel als Übergang zu einer anderen, neuen, faszinierenden Welt zu nutzen – leicht wird dein Schritt, und dein Herz vermag, dir zu sagen, wann du angekommen bist in dieser Oase der Geborgenheit – dem Ort der Kraft und Stärke – hier findest du alles, was dazu beizutragen vermag, dich auf deinen inneren Reisen zu beschützen – möglicherweise sind an diesem Kraftplatz auch Helfer zugegen, die dich begleiten können – das können Engel oder Freunde sein – vielleicht auch unsichtbare

Helfer – schaue dich einfach ganz genau um, und nimm all das wahr, was dich unterstützen und bekräftigen kann – erlebe, wie es sich anfühlt, beschützt und behütet zu sein – und probiere einfach aus, was es zu tun gibt, wenn du Hilfe brauchst – hier kannst du in Ruhe und Geborgenheit mit deinen Helfern experimentieren – hier ist auch der Ort, an dem du alles loslassen kannst, was dich belastet – alle Gedanken und Emotionen von Mangel, Sorgen oder Angst kannst du an diesem Ort der Kraft abladen oder deinen Helfern überantworten – jegliche Negativität oder Missgestimmtheit kannst du hierlassen, damit sie transformiert wird und du frei wirst – und in dem Wissen, dass dieser Ort in deinem inneren Erleben immer existiert und du ihn jederzeit aufsuchen kannst, wenn dich bei deinen Reisen etwas beunruhigt, kannst du nun die Schönheit genießen und dich mit dem beschäftigen, was dir jetzt wichtig ist – kannst auch einfach nur entspannen und die Ruhe und Gelassenheit genießen, die die meisten Menschen an diesem sicheren Ort verspüren können, bis meine Stimme dich wieder erreicht – –

und langsam wird es Zeit, zurückzukommen – verabschiede dich dafür von deinen inneren Bildern – vielleicht magst du dich auch bei jemandem bedanken – und komme dann einfach auf dem Weg zurück, auf dem du zu deinem sicheren Ort gelangt bist – gehe auf diesem Weg zurück, bis du wieder zu der Treppe mit den 10 Stufen kommst – und du weißt, dass du diese Stufen emporsteigen kannst – emporsteigen ins Wachbewusstsein – von zehn nach neun – einen Schritt ins Hier und Jetzt – nach acht – und dabei wacher und frischer wirst – nach sieben – und vielleicht bemerkst du schon die Unterlage, auf der du liegst – während du nach sechs gehst – und spüren kannst, wie du hier so liegst – nach fünf – und die Musik wieder lauter wahrnimmst – nach vier – dich selbst wieder anders wahrnimmst – nach drei – und wie du dich bewegen willst – nach zwei – und diese Bewegung ausführst, die dich ganz hierher zurückbringt – nach eins – und du wieder wach und frisch bist und tief Atem holst und dich dabei rekelst und streckst und die Augen wieder öffnest und neugierig bist auf das, was du mit dieser frischen Energie heute anfangen wirst.

Reise in den Raum deines Herzens

Hintergrund und Ziel dieser Meditation

Über unser Herz gab es jahrtausendelang immer wieder widersprüchliche Aussagen und verschiedenste Vorstellungen. Die alten Ägypter glaubten vor mehr als 3000 Jahren, dass das Herz das Zentrum der Gefühle und der Gedanken sei. Galen, einer der bedeutendsten Ärzte des griechischen Altertums, versicherte 200 n. Chr., dass das Herz wie ein Ofen arbeite und das Blut erwärme, das sich ständig verbrauche und in der Leber neu gebildet werde. Dieser Vorstellung wurde über 1500 Jahre lang Glauben geschenkt. Dann wurde das Herz als rein mechanisches Organ betrachtet. Es galt als Pumpe, die das Blut durch den Körper zirkulieren lässt und so den Blutkreislauf in Bewegung hält. Forscher der heutigen Zeit stellten fest, dass im Herz ein eigenständiges neuronales System mit etwa 40 000 Nervenzellen existiert, das mit dem Gehirn in Verbindung steht. Spannend ist, dass mehr Nerven vom Herzen zum Gehirn führen als umgekehrt. Über diese unterschiedlichen Nervenbahnen sendet das Herz beständig Informationen an das Gehirn und beeinflusst dadurch unsere Wahrnehmungen. Es ist sogar fähig, zu empfinden, sich zu erinnern, zu lernen und unabhängig vom Kopfgehirn Entscheidungen zu treffen. Somit können wir das größte Potenzial erschließen, wenn wir unseren Verstand und unser Herz in Einklang bringen.

Aus diesem Grund soll die »Reise in den Raum deines Herzens« der Beginn deiner Heilmeditationen sein. Und da du in deinem Herzen am sichersten Platz der Welt bist, brauchst du für diese Reise auch nicht zusätzlich den »eigentlichen« sicheren Platz aufzusuchen.

Dauer der Meditation: 10–15 Min.

(abhängig von der gewählten Tranceinduktion)

(Wähle eine Tranceinduktion.)

*** Höre meine Stimme, die dich nun zu deinem Herzen führt – indem du deine Aufmerksamkeit in die Mitte deiner Brust zu deinem Herzzentrum lenkst – nimm diesen Brustbereich einfach nur wahr – ohne Erwartung, ohne ein Ziel – allein deine Aufmerksamkeit kann bewirken, dass sich dein Herzzentrum lebendiger anfühlt – und in einer zarten Energie zu schwingen beginnt – und dieses Spüren der Energie kann bewirken, dass du dir dein Herz jetzt als einen gemütlichen Raum vorstellen kannst oder als einen Tempel – und auf einer gewissen Ebene weißt du vielleicht schon, dass dies der Raum, der Tempel deines Herzens ist – wenn es in seinem Inneren dunkel ist, kannst du für Licht sorgen – schaue dir nun die Wände an, sieh, wie sie beschaffen sind – wie die Decke und der Fußboden aussehen – kannst du erkennen, wie das Zimmer eingerichtet ist? – schaue dich genau um, nimm wahr, was es hier alles wahrzunehmen gibt – wie wirkt der Raum auf dich? – ist dir dieser Ort eher fremd oder nur etwas ungewohnt für dich? – vielleicht ist er ja eigenartig, vielleicht auch angenehm – es ist gut, zu wissen, dass du den Raum deines Herzens nach deinem Empfinden verändern kannst – richte ihn einfach so ein, wie er für dich passend ist – was passiert, wenn du deinen Herzensraum so veränderst, wie er dir angenehm ist? – wenn du die Türen weit öffnest für all das, was dein Leben bereichern und glücklich machen kann? – und wenn du dich dann so richtig wohlfühlst, dann darfst du es dir selbst gemütlich machen – den Raum deines Herzens für einige

Minuten intensiv genießen – sodass du auch einen Platz für dein Herzenslicht findest – –

das Licht in dir, das wie eine Kerze aussehen mag oder sich dir vielleicht als Kaminfeuer präsentiert – vielleicht ist es auch eine andere Lichtquelle, die du erkennen kannst und von der du weißt, dass es dein Herzenslicht ist – das Licht in dir, das in der Lage ist, alles, was transformiert werden soll, zu transformieren – das Licht, das jedes Gefühl, jede Situation und jede Person aufnehmen und verwandeln kann – sodass etwas Neues, Größeres, Schöneres, Lichtvolleres entstehen kann – du weißt, dass du hier die Schwingung der Liebe erleben kannst, die die ganze Schöpfung durchzieht – und möglicherweise fühlst du dich mit dem innersten Wesen aller Dinge verbunden – wenn du nun einfach eine Zeit lang in dieser Schwingung, in dieser alles durchdringenden Liebe in dem Raum deines Herzens ruhst – und wenn du gleich wieder ins Wachbewusstsein zurückkehrst, dann musst du nicht genau verstehen, wie all diese Dinge zusammenhängen – denn du kannst es deinem Unbewussten überlassen, dein Verständnis für die Kraft der Liebe im Laufe der Zeit noch zu vertiefen – dieses Vertiefen beginnt vielleicht schon jetzt –

(Hinausführen)

Senkrechter Atem

Hintergrund und Ziel dieser Meditation

An unseren Atem verschwenden wir meist keinen Gedanken. Schon gar nicht daran, wie er fließt, ob wir horizontal oder vertikal atmen. Wenn du nun in der Heilmeditation angeleitet wirst, senkrecht zu atmen, verbindest du dich dadurch nicht nur mit Himmel und Erde, sondern du verankerst dich gleichzeitig auch in der Gegenwart. Somit verbindest du dein kosmisches Geist-Seele-Sein und dein planetarisches Körper-Sein in deinem Herzen. Diese Atmung hilft dir, Blockaden aufzulösen, weil du damit deinen Energiekanal verbreiterst und dadurch mehr Lebensenergie aufnehmen kannst.

Bei dieser Meditation brauchst du keine weitere Tranceinduktion vorzuschalten, da das bewusste Atmen bereits die heute gewollte Entspannungstiefe bewirkt. Auch das Aufsuchen des sicheren Ortes und ein zusätzlicher Text zum Hinausführen ist nicht notwendig.

Dauer der Meditation: ca. 15 Min.

Schließe sanft die Augen, und nimm wahr, wie du hier liegst oder sitzt – spüre deinen Körper – nimm deinen Atem wahr, wie er kommt und wie er geht – fühle auch, ob du waagrecht atmest oder senkrecht – –

und dann nimm deinen Herzensraum wahr, in deinem Inneren – deinen Herzensraum, der vielleicht aussieht wie ein Tempel – und schaue genau hin, wie er sich dir präsentiert – was du sehen kannst oder fühlen – vielleicht auch hören oder riechen – sei mit deinem ganzen Bewusstsein in deinem Herzenstempel – sei selbst dort, erlebe dich in diesem Raum, in deinem Herzensraum – nimm wahr, wie es dir dort geht, wie du dich fühlst, wie die Atmosphäre ist – und dann schaue dich um, sieh wieder dein Herzenslicht, deinen göttlichen Funken – wie sieht dein Herzenslicht, dein göttlicher Funke, heute aus? – und wenn du magst, kannst du mit deinem göttlichen Funken experimentieren – denn wenn du hineinatmest, mag er größer werden, heller leuchten, wärmer scheinen – sich einfach verändern – und dann lenke deine Aufmerksamkeit wieder auf deinen Atem – ausgehend von deinem Herzensraum atmest du jetzt nach unten, zu deinem Wurzelchakra – lasse deinen Atem über deine Wirbelsäule nach unten strömen – bemerke, wie dein Wurzelchakra sich weitet, sich öffnet wie eine Blüte – sodass dein Atem durch das geöffnete Chakra nach unten strömt – und du erkennen kannst, wie aus deinem Wurzelchakra Lichtwurzeln wachsen – und diese Wurzeln wachsen durch den Boden bis ins Erdreich hinein – graben sich tief hinein in die Erde – und du kannst beobachten, wie sie ihren Weg finden durch alle Erd- und Gesteinsschichten hindurch – dein Atem lässt sie tiefer wachsen, sich tiefer hineingraben – bis zum Mittelpunkt der Erde – und dort, in diesem Mittelpunkt, hat Mutter Erde ihren Thronsaal, ihren Herzensraum – und dort hinein wachsen deine Wurzeln, ins Herz der Erde, ins Herz von Mutter Erde – sie verschmelzen mit ihm, werden eins mit ihm – spüre, wie du verwurzelt bist, mit ihrem Herzenslicht – und nimm wahr, wie Mutter Erde ihre Energie über deine Lichtwurzeln hoch hinaufströmen lässt – hoch hinauf zu deinem Herzen, in deinen Herzensraum herein – mit jedem Atemzug von dir strömt ihre Energie hinauf zu dir, und du lässt deine Dankbarkeit hinunterfließen, hinunter zu Mutter Erde – lasse diesen Energiefluss einen stetigen Kreislauf werden – lasse deine Dankbarkeit hinunterströmen und ihre bedingungslose Liebe hoch herauffließen – und spüre dabei, dass du verwurzelt und standhaft bist, genährt wirst von der unendlichen Liebe und dem Urvertrauen von Mutter Erde, von Lady Gaia – du bist ihr Kind, sie trägt und nährt dich, gibt dir Heimat und Schutz – dafür strömt deine Dankbarkeit aus deinem Herzensraum hinunter in ihr Herz – lasse diesen Austausch von Energie fast von allein geschehen – sodass du mit deiner Aufmerksamkeit nun in die andere Richtung zu gehen vermagst – atme jetzt über die Wirbelsäule nach oben, hin zu deinem Kronenchakra – öffne dieses Chakra wie eine Blüte – lasse es sich einfach weit öffnen, und lenke dann deinen Atem hoch hinauf – hinauf in den Kosmos – nimm unsere Sonne als Symbol dafür, wohin du nun atmest – atme in die Quelle hinein, in die Quelle all unseres Seins – ins kosmische Herz von Vater/Mutter Gott – und spüre oder sieh, dass von dort die bedingungslose Liebe zu dir herunterströmt – vielleicht als goldener Fluss herunterströmt, bis in deinen Herzensraum – und lasse auch hier einen Kreislauf entstehen, denn du atmest deine Dankbarkeit nach oben, ins kosmische Herz von Vater/Mutter Gott – in die Quelle hinein, in dieses All-eins-Sein, in diese Verbundenheit – und die Liebe atmest du herunter und spürst dabei, dass Gottvertrauen in dich strömt – und auch diesen Energiefluss, diesen Energiekreislauf, kannst du nun sich selbst überlassen – denn jeder Atemzug von dir strömt hinauf und herab – und so kannst du nun deine Aufmerksamkeit wieder nach unten lenken, ins planetarische Herz von Mutter Erde – dann nach oben lenken in dein Herz – und höher hinauflenken, ins kosmische Herz der Quelle – und wieder herab zu dir – so lasse deinen Atem senkrecht strömen in Form einer stehenden Acht – und dein Herzensraum ist der Schnittpunkt, der Transformationspunkt – hier trifft sich alles – die unendliche Liebe von Mutter Erde, die unendliche Liebe von Vater/Mutter Gott und deine Dankbarkeit und Liebe – in dieser stehenden Acht strömen die Energien hoch und tief – sodass du verwurzelt bist mit Mutter Erde – und angebunden an die Quelle – so bringst du den Himmel auf die Erde und stehst in deiner ganzen Kraft – genieße nun diesen Fluss der Energien – –

im Bewusstsein des Angebunden- und Verwurzeltseins kannst du nun deine Aufmerksamkeit wieder in deinen Herzensraum hereinlenken – schaue dich dort noch einmal um, und öffne die Tür deines Herzens weit, ganz weit – sodass du hier und heute alles Weitere mit geweitetem Herzensraum aufnehmen kannst – –

*** und dann lenke deine Aufmerksamkeit auf deinen Körper, der hier sitzt oder liegt – atme dich zurück, zurück in dieses Sein im Außen, zurück ins Hier und Jetzt.

MEDITATIONEN
zur inneren Stärkung

Negatives transformieren, Positives kreieren

Hintergrund und Ziel dieser Meditation

Bei dieser Meditation nutzt du den Herzensraum in Verbindung mit dem senkrechten Atem als Einstieg. Im Herzensraum transformierst du blockierende und störende Erlebnisse. Dann machst du einen Sprung in die Zukunft, in der sich schon all das zeigt, was du gern erreichen möchtest. Unser Gehirn kann nicht unterscheiden, ob etwas schon passiert ist oder erst geschehen wird. Es reagiert auf innere Bilder und Gefühle immer aus dem Moment heraus und setzt die entsprechenden Botenstoffe frei. Somit kann sich alles, was wir in unserer Innenwelt kreieren, in der äußeren Welt manifestieren. Die äußere Welt spiegelt immer nur unser inneres Bewusstsein wider.

Diese Meditation solltest du mit der vorgegebenen Tranceinduktion und dem entsprechenden Text zum Hinausführen durchführen, weil sie ideal dafür sind. Weil die Tranceinduktion sich auch gut für andere Heilmeditationen verwenden lässt, findest du sie bei den Einleitungen unter »Wahrnehmen, was ist«.

Dauer der Meditation: ca. 20 Min.

Spüre noch einmal in deinen Körper, ob du wirklich bequem sitzt oder liegst, oder ob du noch etwas verändern magst – vielleicht willst du dich etwas gerader hinsetzen oder legen oder auch etwas schräger – spüre einfach in dich hinein, und bemerke, wie es für dich richtig und stimmig ist – und wenn du dann deine Position gefunden hast, weißt du, es gibt nichts mehr zu tun, nichts Richtiges und auch nichts Falsches – du kannst dir erlauben, ganz bei dir zu sein – bemerke, wie dein Atem deine Bauchdecke hebt und senkt – und während du so atmest, hörst du alles, was in deinem Umfeld zu hören ist – und ganz egal, was du wahrnimmst, wenn du zu all dem JA sagst und es integrierst, verhilft es dir zu einer tieferen Entspannung, als du dir vorstellen kannst – und in diesem tiefen Entspanntsein bemerkst du, wie dein Körper hier sitzt oder liegt – nimmst deinen Herzschlag wahr – und hast vielleicht auch noch andere körperliche Wahrnehmungen, die bewirken, dass du loslässt und tiefer sinkst – tief hinein in deine innere Erlebniswelt – –
*** die sich dir ganz einfach öffnet, indem du dorthin gehst, wo du schon einmal warst, in deinen Herzensraum – um nachzuschauen, ob die Tür deines Herzens noch offen ist – oder weiter geöffnet als beim letzten Mal – nimm einfach alles wahr, was du dort jetzt sehen oder fühlen kannst – oder wo du ein Wissen darum hast, dass all dies da ist – in deinem Herzenstempel zu sein, mit deinem ganzen Bewusstsein dort zu sein – erlaubt dir, ganz nah bei dir zu sein – erlaubt dir, dich auf einer Ebene zu fühlen, die der Alltag dir sonst nicht erlaubt – und so spürst du dich jetzt in deinem Herzenstempel und atmest dich hoch und tief – öffne dafür einfach dein Kronenchakra – das sich in Höhe deines Scheitels befindet –

öffne es so, wie du dein Herzchakra geöffnet hast – oder einfach so, wie sich eine Blüte öffnet – und atme dann hoch hinauf – atme durch dein Kronenchakra hoch hinauf, bis in den Kosmos – dorthin, von wo aus das Licht zu dir gesandt wird – das jetzt durch das geöffnete Portal zur Erde niederströmt – und durch dein geöffnetes Kronenchakra zu dir herunterfließt – und atme ganz bewusst hoch und tief und hoch und tief – vielleicht ist es dir sogar möglich, dieses Licht, das aus dem Kosmos zu dir strömt, zu sehen – möglicherweise fühlst du es – und es ist auch in Ordnung, wenn du einfach weißt, dass es geschieht – und wenn dein Atemstrom, der hoch und tief fließt, dann ganz von allein fließt – wende deine Aufmerksamkeit dann nach unten, in dein Wurzelchakra – und öffne auch dieses Chakra – einfach, indem du es dir vornimmst, öffnet es sich wie eine Blüte – und dann kannst du bemerken, dass von dort aus Wurzeln tief hinunter in die Erde wachsen – Lichtwurzeln wachsen in ihrer ganz eigenen Geschwindigkeit tief hinunter in die Erde – durchstoßen dabei alle Erdschichten – und wachsen bis zum Mittelpunkt der Erde – sodass du dich mit deinen Wurzeln dort mit dem Herzen von Mutter Erde, mit Lady Gaia, verbinden kannst – verschmelzen kannst mit ihrem Herzen – und auch dies kannst du einfach beobachten oder fühlen oder wissen, dass es geschieht – und so bist du angebunden und verwurzelt mit Mutter Erde – und mit deinem Atemstrom lenkst du die Energien – holst die rote Energie von Mutter Erde hoch herauf und in dein Herzchakra hinein – –

atmest weiterhin tief hinunter und hoch herauf – sodass du die Energie von Mutter Erde mitbringen kannst in dein Herzchakra – und dass sich diese Energie vermischt mit der Energie aus dem Kosmos – lenke deinen Atem senkrecht, hoch und tief – der Schnittpunkt ist dein Herz – dort, wo sich beide Energien treffen und sich mit deiner vereinen – und wenn diese Energien nun strömen, von ganz allein strömen, weil du es beschließt – kannst du dir dich herausfordernde Situationen vor Augen führen – Situationen, die du in letzter Zeit erlebt hast – Situationen, die du gern loslassen möchtest, mit denen du abschließen willst – hole dir diese Situationen in dein Herzzentrum herein – bringe auch die Personen mit herein, die beteiligt sind oder waren – stelle alles in die lichtvolle Energie von Mutter Erde und dem Licht aus dem Kosmos – stelle sie dir einfach vor, und bringe sie in dein Herzzentrum – all das, was du loslassen möchtest – all das, was dich verletzt, was dich traurig gestimmt hat oder wütend machte – all das, wo du frustriert warst, hilflos oder ohnmächtig – beobachte, was geschieht, wenn die Energien, die sehr hoch schwingend sind, diese Situationen berühren – wenn das kristalline Licht von oben und das rote Licht von unten diese Situationen durchdringen – sei Beobachter all dessen, was dabei geschieht – beobachte, wie sich die Situationen verwandeln – vielleicht – vielleicht ist es dir jetzt im Licht dieser Energien möglich, diesen Situationen zu danken – zu danken deshalb, weil sie dich an den heutigen Punkt geführt haben – und zu der Person haben werden lassen, die du heute bist – gestärkt vielleicht oder einer Illusion beraubt – klarer mit dir und ehrlicher – bereit für das, was jetzt, ab heute, zu dir kommen möchte – und wenn du diese Situationen in allen Details wahrgenommen hast, so, wie es dir möglich ist – lasse sie einfach aus deinem Fokus entschwinden – und lenke deine Achtsamkeit und deine Bewusstheit jetzt auf das, was du gern möchtest – stelle dir deine Projekte vor und die Situationen, die du gern erleben möchtest – und hole auch diese in deinen Herzensraum herein – all das, wofür du brennst – all das, was du dir erhoffst, erträumst, ersehnst – auch die Situationen, vor denen du eventuell etwas Angst hast, weil sie so groß sind, so unendlich herausfordernd – hole auch diese in deinen Herzensraum herein – stelle auch sie in die Energien von Mutter Erde und die Energie aus dem Kosmos – lasse sie durchleuchten vom kosmischen Kristalllicht und dem kraftvollen Rot aus dem Herzen von Lady Gaia –

beobachte dabei, was geschieht, und atme hinein in diese Situationen – atme deine ganze Herzensliebe hinein – atme dein Feuer hinein, atme dein Vertrauen hinein – atme auch deine Liebe hinein, auch die Liebe zu dir selbst – atme deine Bereitschaft und deinen Mut hinein – und auch das Wissen darum, dass du bereit bist, um Hilfe zu bitten, falls nötig – atme deinen göttlichen Funken hinein, deinen Schöpferfunken – dann ummantle alles mit deiner Dankbarkeit – und wenn du all dies abgeschlossen hast, dann blicke mit den Augen deines Herzens weit in deine Zukunft – schaue dorthin, und sieh, was dort schon alles auf dich wartet – fühle, wie es dir damit geht, all das, was du dir erwünschst, erhoffst, erträumst, schon fertig zu sehen, zu erleben, zu hören – und wenn du auch hier alle Nuancen wahrgenommen hast, ziehe diese Manifestationen mit deinem nächsten Atemzug in deinen Herzenstempel hinein – verbinde dich mit ihnen, und werde eins mit ihnen – lasse die Information in jede Zelle strömen, lasse jede Zelle schwingen, bis meine Stimme dich wieder erreicht – –

*** lenke deine Aufmerksamkeit wieder zurück – zurück in deinen Körper im Außen – zurück auf die Unterlage, auf der du sitzt oder liegst – in dem Bewusstsein, alle Erfahrungen gespeichert zu haben, kannst du beginnen, dich zu bewegen – kräftiger zu atmen, dich einfach wieder zurückzuatmen ins Hier und Jetzt – dich zu dehnen und zu strecken, deine Augen wieder zu öffnen und alles wieder in der äußeren Realität wahrzunehmen.

Stärke deine Hoffnung

Hintergrund und Ziel dieser Meditation

Diese Meditation greift auf ein Werkzeug zurück, das auch bei der Hypnose Verwendung findet und sich »Stellvertretertechnik« nennt. Hier wirst du nicht selbst angesprochen, sondern es werden Stellvertreter geschaffen, mit denen du dich identifizieren kannst. Dies geschieht, um dir Gefühle und Erfahrungen zu vermitteln, die du dir wünschst, mit denen du jedoch noch Schwierigkeiten hast, sie aktuell zu leben. Stellvertreter bei der nachfolgenden Meditation sind die »Wanderer« und »Blumen«.

Derartige durch Stellvertreter vermittelte Empfindungen erfahren wir übrigens auch im Alltag sehr häufig, wenn wir zum Beispiel im Fernsehen oder in einem Roman emotionale Szenen oder Passagen miterleben, in denen die handelnden Personen Gefühle von Geborgenheit, Aggression, Traurigkeit etc. erleben und wir uns mit diesen Personen identifizieren.

Dauer der Meditation: 25–30 Min.
(abhängig von der gewählten Tranceinduktion)

(Wähle eine Tranceinduktion.)

*** an einem Ort, an dem du dich wohl- und sicher fühlen kannst – einfach einen Platz, der dir Schutz und Kraft bietet – schaue dich hier genau um – nimm wahr, was es wahrzunehmen gibt – –

*** von hier aus beginnst du deine Reise – eine Reise in die Natur – eine Reise in die Berge – in den Bergen zu wandern, ist für viele Menschen nicht nur eine körperliche, sondern auch eine seelische Erholung – die Bergwelt mit ihren vielen Höhen und Tiefen, Gipfeln und Talern zu erleben, stellt für Wanderer oft eine große Herausforderung dar – der Aufstieg aus dem Tal lässt Wanderer die reine, klare Bergluft tief ein- und ausatmen – die satten Farben der Umgebung, das Blau des Himmels, das Grün der Bäume, das Braun der Erde, bewirken eine Freude und innere Heiterkeit, die mit nichts vergleichbar sind – die Farben der Bergwelt im Inneren zu spüren und die Weite des Himmels zu erleben, ist es wert, diese Wanderung zu unternehmen – nach oben zu schauen, auf die Gipfelregion, die vom sauberen Weiß des reinen Schnees bedeckt ist, lässt einen die Ruhe des Berges spüren – diese abgeklärte Ruhe, die sich so leicht überträgt – und bei manchen Menschen kann man beobachten, wie sie versonnen, als wären sie tief in Gedanken versunken, in die Höhe schauen – sie haben sich in der Weite verloren und empfinden vielleicht, wie diese Leichtigkeit und Heiterkeit sich auch in ihrem Körper bemerkbar machen – vielleicht beim Einatmen, und sich dabei wie von selbst eine innere Tür öffnet zu eigenen Erfahrungen der Freude oder des Lachens – wenn sie mit dem

Aufstieg beginnen, gibt es zu Anfang am Fuß des Berges natürlich noch Bäume – Tannen, Buchen, Lärchen – und in diesen finden sich verschiedene Vögel, Meisen, Finken, Drosseln – der Gesang dieser Vögel kann die Herzen der Wanderer aufgehen lassen – sie können Gefühle von Leichtigkeit, Gelöstheit und innerem Frieden verspüren – die sich nicht nur im Körper, sondern auch im Geiste auszubreiten vermögen – oft wird bei solchen Aufstiegen in die Berge der Weg nicht nur vom Gezwitscher der Vögel begleitet, sondern auch vom sanften Plätschern eines kleinen Baches – ein Rauschen und Glucksen, das sich entlang des Weges vernehmen lässt – und wenn die Wanderer auf ihrem Wege das Bächlein überqueren, das munter über die Steine sprudelt – ist es oft so, dass sie von Wassertropfen benetzt und erfrischt werden – dies lädt dazu ein, eine kleine Weile zu rasten und sich an der Frische des Wassers zu erquicken – manchmal wird man sich dabei des Unterschiedes der Temperatur zwischen Wasser und Umgebung bewusst – und wenn man sich die Zeit nimmt und dem nachspürt, kann man bemerken, wie sich dabei Entspannung, Gelöstheit, Ruhe und Gelassenheit eingestellt haben – wenn man außerdem seine Aufmerksamkeit dem Sprudeln des Wassers über die Steine schenkt – kann man bemerken, wie sich das Sonnenlicht in den Tropfen bricht, sodass es scheint, als würden Edelsteine über die Felsen hüpfen – man kann sich völlig aufgehoben in der Natur fühlen, ihre Nähe spüren und sich frei und entspannt erleben – mit geschlossenen Augen lässt sich das Murmeln des Baches noch intensiver erleben – es kann etwas Beruhigendes an sich haben, einfach zuzuhören und die Frische des Wassers zu erleben – zu bemerken, wie das muntere Sprudeln des Wassers über die Steine eine Fröhlichkeit entfacht, die als körperlich befreiend und als Leichtigkeit empfunden werden kann – oder aber als Schwerelosigkeit und Erlöstheit erlebt wird – und es Freude macht, einzutauchen in diese Ruhe und in diese angenehme Erfahrung – in den höheren Regionen der Berge gibt es immer weniger Bäume – jedoch können die Wanderer stattdessen satte grüne Wiesen, die voller bunter Blumen stehen, erleben – da wechseln sich das Blau des Enzians mit dem Gelb der Schlüsselblumen ab – und vielleicht dominieren hier die Farben Rot und Rosa von Blumen, deren Namen niemand so richtig kennt – dieses Betrachten der Blumenwiesen bewirkt oft, dass man sich heiter und gelassen fühlt – die Vielfalt der Natur bewundert – oder sich einfach der hellen Stille hingibt – und während die Blicke über dieses Naturschauspiel gleiten – erscheinen die Wiesen fast wie bunte Teppiche – die einladen, zu rasten und zu verweilen – es ist angenehm, nach einem längeren Aufstieg die Glieder auszustrecken und dieses wohlige Gefühl der Entspannung zu bemerken – das sich ausbreitet, sobald man ihm dazu Gelegenheit bietet – gelöst und entspannt können die Wanderer den Duft der Blüten einatmen – der bewirkt, dass eine schläfrige Gelassenheit eintritt – die vom Summen der Bienen verstärkt wird – im Gras liegend, ist es angenehm, den Blick

in die Weite des blauen Himmels gleiten zu lassen – und dort vielleicht den majestätischen Flug eines Greifvogels zu beobachten, der seine Bahnen schwebend durch die Lüfte zieht – und mit dem Geruch der Blumen, der satten Erde und des frischen Grüns der Wiesen verbreitet sich ein entspanntes Gefühl im ganzen Körper, das insbesondere beim Ausatmen noch intensiver erlebt werden kann – in den Bergen gibt es vor allem im Frühling noch Regionen, in denen die Sonne den Schnee noch nicht weggeschmolzen hat, obwohl auf den sonnenbeschienenen Wiesen der Blumenteppich schon prachtvoll blüht – und beim Weiterwandern über solche Stellen ahnt man, dass dort unter dem Schnee in der Kälte auch schon Blumen auf ihren Auftritt warten – auch wenn sie jetzt vielleicht noch zu schwach sind, um sich zu zeigen – werden sie es schaffen, durch die Kälte und die Dunkelheit zu kommen – selbst wenn es jetzt noch so scheint, als wenn sie keine Chance hätten – werden sie ihren Weg durch die Härte und Kälte der Erde finden – sie werden sich auf den Weg machen, der ihnen von der Sonne gezeigt wird – sich auf den Weg durch die Kälte zu begeben, bewirkt, dass die Wärme immer näherkommt – dass die Sonne das Eis wegschmilzt und der Weg dadurch leichter wird – und sich auf den Weg zu machen, bedeutet natürlich für die Blumen, zu wachsen – sie werden an dieser Aufgabe wachsen und stärker werden – und obwohl sie noch nicht wissen, was sie da draußen erwartet, werden sie wissen, dass es wichtig ist, den Weg zu gehen, um zum Licht zu gelangen – denn noch in der Dunkelheit wachsend, sind sie sich gewiss, dass das Licht Leben und Schönheit bedeutet – dass da draußen andere auf sie warten – damit sie sich gemeinsam der Sonne entgegenstrecken können – und selbst scheinbar große Schwierigkeiten schaffen sie, zu überwinden – damit sie ihrem Ziel näherkommen – und wenn sie dann auf ihrem Weg durch die Einsamkeit und Dunkelheit in die Wärme kommen – wissen sie, dass sich der Weg gelohnt hat – dass es richtig war, sich aufgemacht zu haben, durch die Kälte, die

Dunkelheit und die Schwere – dass es herrlich ist, gemeinsam mit anderen sich wohlfühlen zu können, sich entfalten zu können – um die Helligkeit und Wärme ganz in sich aufzunehmen – und wenn auch die Wanderer all dies noch nicht sehen können, bei ihrem Weg über diese mit Schnee und Eis bedeckten Stellen – ist es ganz sicher, dass die Blumen aus der Dunkelheit und Kälte auftauchen werden – dass sie sich in der Wärme entfalten und entwickeln werden – und die Wanderer sehen dies nicht, aber sie können fühlen, dass dem so ist – während sie weiterhin den Anblick der grandiosen Bergwelt genießen – der es ermöglicht, all diese Empfindungen wahrzunehmen – und diese Empfindungen, die auch körperlich gefühlt werden können, sind wie eine Garantie, dass du diese Hoffnung auf Wachstum und Erblühen immer haben kannst – dass du diese auch im Alltag verspüren kannst – wenn du künftig mehr und mehr entspannt sein wirst – und mit diesem sicheren Wissen verabschiedest du dich von deinen inneren Bildern – lässt sie verblassen und sich einfach auflösen – –

*** während du auf deinem ganz eigenen Weg wieder zurück zu deinem sicheren Ort gelangst –

(Hinausführen)

Krafttiermeditation

Hintergrund und Ziel dieser Meditation

Krafttiere stammen aus den schamanischen Traditionen und gelten dort als wichtige Begleiter, aber auch als Führer und Hüter der Menschen. Jeder Mensch hat nach dem schamanischen Glauben ein oder mehrere Krafttiere, die auch je nach Lebensphase wechseln können. Diese Meditation soll dich zu deinem persönlichen Krafttier führen, damit es dich beim Auffinden deiner Kraft und bei deiner Entwicklung unterstützen kann.

Bei dieser Meditation dient die Tranceinduktion auch gleichzeitig dem Eintritt in den Hauptteil der Reise. Ein Text zum Hinausführen ist hier ebenfalls nicht notwendig.

Dauer der Meditation: 15–20 Min.

Wieder einmal machst du dich bereit, eine Meditation zu erleben – eine Meditation, die dich heute zu deinem Krafttier führen wird – wenn du eine bequeme Position gefunden hast, weißt du, dass es jetzt für dich nichts mehr zu tun gibt – du kannst deine ganze Aufmerksamkeit zuerst nach außen lenken, um wahrzunehmen, was es alles zu hören gibt – Geräusche von draußen, außerhalb dieses Raumes, in dem du dich aufhältst, aber auch all das, was hier in diesem Raum zu vernehmen ist – diese Geräusche kannst du nutzen, um mehr und mehr bei dir anzukommen – und mit jedem Ton, der an dein Ohr dringt, lenkst du deine Aufmerksamkeit mehr in dein Inneres – dort hinein, wo deine ganz persönliche Heimat ist – und dann, wenn du deine Aufmerksamkeit auf deinen Atem lenkst, kannst du spüren, wie dieser deine Bauchdecke hebt – und zurücksinken lässt – dein ständiges Ein- und Ausatmen kann bewirken, dass du mehr und mehr loslässt, tiefer sinkst, ganz tief zu dir nach innen – die Sprache deines Verstandes ist das Denken, die Sprache deines Körpers ist das Wahrnehmen – und damit dein Körper und auch dein plappernder Verstand jetzt eine Pause bekommen, lenke deine gesamte Aufmerksamkeit zuerst auf deinen Körper – –
lenke sie zu deinen Füßen, und spüre, wie sich deine Füße anfühlen – lenke deine gesamte Aufmerksamkeit dorthin – sind deine Füße warm oder kalt? – oder ist es eine Temperatur dazwischen? – kannst du die Fußzehen wahrnehmen – die Fußballen – das Fußbett – die Ferse? – und stelle dir jetzt einfach vor, dass deine Füße im Sand stehen – barfuß kannst du den Sand wahrnehmen – fühle die Sandkörner zwischen deinen Zehen – und nimm die Temperatur des Sandes wahr – und wenn du einen Schritt in diesem Sand

gehst, kannst du wahrnehmen, wie sich dieser an deinen Füßen anfühlt – bleibe mit deiner ganzen Achtsamkeit bei deinen Füßen dort im Sand – und wo auch immer du diesen Sand wahrnimmst, sei es in der Wüste, am Strand oder irgendwo auf einer Lichtung, kannst du bemerken, wie er sich anfühlt – mit jedem Schritt etwas anders, mit jedem Verlagern deines Gewichtes etwas anders – und wenn du die Zehen krümmst, kannst du noch ein neues Gefühl wahrnehmen – bist du vielleicht in der Lage, Sandkörner mit deinen Zehen festzuhalten – und all dies kannst du wahrnehmen, weil deine gesammelte Aufmerksamkeit bei deinen Füßen ist – du kannst dir erlauben, 100 Prozent Achtsamkeit nach unten zu lenken, in deine Füße – –

*** und egal, wo du dich jetzt aufhältst, in deinem Inneren ist es dir jetzt möglich, den Weg zu erkennen, ihn zu gehen, auf dem sich dir dein Krafttier nähert – schaue genau hin, wer sich dir nähert – auf zwei, vier oder sechs Füßen laufend – oder krabbelnd, kriechend – fliegend vielleicht aus der Luft – schaue hin, wer sich bei dir niederlässt – Krafttiere sind Geistwesen in Tiergestalt, sie sind deine spirituellen Begleiter oder Seelengefährten – und sie wählen sich ihre Menschen selbst aus – von welchem Krafttier wurdest du erwählt? – dein Krafttier ist dein Freund, dein Beschützer, dein Berater und dein Helfer in schwierigen Situationen – es leitet dich auf deinen Wegen und gibt dir Kraft – je mehr du dich mit deinem Krafttier beschäftigst, desto stärker spürst du seine Kraft und kannst von ihm lernen – es kann dich führen und unterstützen – dich gegebenenfalls auch warnen – wann immer du die Energie deines Krafttiers benötigst, kannst du es rufen – wie sich die Beziehung zu deinem Krafttier gestaltet, hängt ganz von dir ab – manche Menschen fühlen Liebe und Vertrautheit, andere begegnen ihrem Krafttier mit Verehrung oder Respekt – manch einer wird die Gegenwart seines Krafttiers stets deutlich wahrnehmen – ein anderer besinnt sich nur auf sein Krafttier, wenn es eine Situation erfordert – jetzt hast du Gelegenheit, dein Krafttier zu fragen, ob es eine Botschaft für dich hat – oder weshalb es sich für dich entschieden hat – und du kannst wissen, dass du dein Krafttier immer neben dir hast, dass es immer an deiner Seite ist und du jederzeit Kontakt zu ihm aufnehmen kannst – insofern ist es dir ein Leichtes, dich jetzt in deinem Inneren bei deinem Krafttier zu bedanken – dafür, dass es sich dir gezeigt hat, dass du eine Botschaft von ihm erhalten hast – –

*** und wenn du dann deine Aufmerksamkeit wieder auf deinen Atem lenkst, um zu bemerken, wie sich deine Baudecke hebt und senkt – weißt du, dass die Zeit gekommen ist, zurückzukehren – zurück hierher in diesen Raum – zurück zu deinem Verstand, der sofort wieder anfängt, zu plappern, dich weckt – und wenn er dich animiert, kräftiger zu atmen, kräftig ein- und auszuatmen – sodass du, wenn du deine Augen öffnest, wieder ganz im Hier und Jetzt bist – weißt du, dass du jederzeit zurück kannst, zurück ins Reich der Bilder und Gefühle – zurück zu deinem Krafttier, das immer auf dich warten wird.

Wellen der Liebe

Hintergrund und Ziel dieser Meditation

Die Bausteine, aus denen alles besteht, sind die Atome. Sie bewegen sich ständig – alles ist in ständiger Bewegung und schwingt in einer bestimmten Frequenz. Selbst Gedanken, Gefühle und Worte lassen sich physikalisch als Schwingungsenergie messen. Dabei unterscheidet sich die Schwingungsenergie negativer Gefühle wie Wut, Zorn, Hass, Eifersucht, Neid, Ärger, Angst etc. von der positiver Gefühle wie Dankbarkeit, Freude oder Liebe – erstere ist nämlich niedriger. Jedes dieser negativen Gefühle kann unsere Schwingung entsprechend negativ beeinflussen. Im Umkehrschluss ist es nur natürlich, dass die Schwingung sich erhöht, wenn wir positive Empfindungen haben. Aus diesem Grund sollten wir uns auch von Menschen distanzieren, die uns nicht guttun. Das gilt auch für eine Umgebung oder eine Situation, in der wir uns nicht wohlfühlen.

Diese Meditation dient dazu, deine eigene Schwingungsfrequenz zu erhöhen und dir selbst und auch anderen durch das bewusste Senden von Liebeswellen etwas Gutes zu tun.

Dauer der Meditation: 25–30 Min.

(Wähle eine Tranceinduktion.)

*** eine Reise, die dich zu deinem Herzen führt – indem du deine Aufmerksamkeit in die Mitte deiner Brust zu deinem Herzzentrum lenkst – nimm diesen Bereich einfach nur wahr – ohne Erwartung, ohne ein Ziel – allein deine Aufmerksamkeit kann bewirken, dass dein Herzzentrum belebt wird und in einer sanften Energie zu schwingen und zu strahlen beginnt – vielleicht in einem rosafarbenen Glanz mit einem Rand aus leuchtendem Grün – fast scheint es wie eine zarte, halb geschlossene Blüte aus Licht, die in einen grünen Blätterkranz eingebettet ist – und während du dort mit deiner Aufmerksamkeit verweilst, spürst du, wie die Blüte sich langsam und sachte zu öffnen beginnt – bis sie in ihrem Inneren ein goldenes Herz offenbart – und diese Blüte bist du – bei dem Anblick ihrer zauberhaften Schönheit kannst du weit und still werden – eine sanfte, liebevolle Strahlung geht von der Blüte aus, erfüllt dich und hüllt dich ein in eine Schwingung aus Liebe und Harmonie – es ist durchaus möglich, dass du dich fast wie von Engelshänden getragen fühlst – und in deinem tiefsten inneren Sehnen nach Liebe verstanden – dieser Sanftheit und dem liebevollen Verstandensein darfst du dich ganz hingeben – jetzt – –

vielleicht nimmst du nach und nach wahr, wie die Blume deines Herzens immer schöner und strahlender wird – ganz tief in ihrem Inneren, in ihrer goldenen Mitte, kannst du eine wunderbare Freude aufsteigen fühlen – und es ist völlig in Ordnung, wenn diese Freude, dieses Glück, dein Blut warm durch deinen Körper strömen lässt – und dieses Strömen mag bewirken, dass du dir dein

Herz jetzt als ein kleines, gemütliches Holzhaus vorstellst, das mitten auf einer Waldwiese steht – umgeben von wunderschönen, schlanken Tannen, kräftigen Farnen, frischen Kräutern und Klee ruht es mitten auf einer sonnenüberfluteten Lichtung – an deren Ende ein herrlicher, dichter Wald beginnt – auf einer gewissen Ebene weißt du vielleicht schon, dass dies das Haus deines Herzens ist – und bemerkst beim Näherkommen, in welchem Zustand es sich befindet – kannst erkennen, wie in der Vergangenheit für dieses Haus gesorgt worden ist – und wenn nun ganz von selbst viele Fragen in dir aufsteigen, magst du dir diese ehrlich beantworten – ist das Holz gestrichen worden? – sind beschädigte Teile ersetzt worden? – gibt es Blumen an den Fenstern oder im Garten? – du möchtest das Haus jetzt vielleicht betreten – und öffnest die Tür – lässt sie sich leicht öffnen, oder klemmt sie etwas? – müssen ihre Angeln womöglich geölt werden? – wenn es im Inneren dunkel ist, dann sorge für Licht – sollte es in diesem Haus keinen elektrischen Strom geben, kannst du vielleicht ein paar Kerzen oder Öllampen anzünden – wie sind die Wände beschaffen? – wie die Decke, der Boden? – wie ist das Haus eingerichtet? – schaue dich genau um – nimm alles ganz genau wahr – wie wirkt dieses Haus auf dich? – ist dir dieser Ort fremd oder nur etwas ungewohnt? – vielleicht ist er eigenartig, möglicherweise auch angenehm? – es ist gut, zu wissen, dass du das Haus deines Herzens nach deinem Empfinden verändern kannst – und du darfst es gern so einrichten, wie es für dich passend ist – wann hast du zuletzt überprüft, wer alles im Haus deines Herzens wohnt? – jeder Gedanke von dir kann dazu führen, dass du im Wohnzimmer des Hauses nun all die Menschen sehen kannst, die du liebst und von denen du sicher weißt, dass sie auch dich lieben – wahrscheinlich empfindest du bei ihrem Anblick Glück, eventuell magst du sie umarmen – wer weiß, vielleicht magst du nun auch die anderen Räume betreten, um nachzuprüfen, wer alles dort ist? – gibt es da Leute aus der Vergangenheit, mit denen du eng verbunden warst, die jetzt jedoch keine konstruktive Rolle mehr in deinem Leben spielen? – vielleicht verstecken sich da auch einige Menschen, die du geliebt hast, die dich aber enttäuscht und verletzt haben – und vielleicht sind sie durch deinen Ärger und deinen Schmerz sehr groß geworden – womöglich nehmen sie so viel Platz in deinem Herzen ein, dass diejenigen, die du wirklich liebst, viel zu wenig Raum zur Entfaltung und zum Atmen haben – was spricht dagegen, diese ungeliebten Bewohner deines Herzens fortzuschicken? – natürlich kann es sein, dass sie bleiben wollen, dass sie gern bei dir sein möchten, dass sie ja schon immer bei dir gewesen sind und nicht wissen, wohin sie gehen sollen – du brauchst dich nicht von ihnen manipulieren zu lassen – du kannst ihnen jederzeit sagen, dass nur die Personen in deinem Herzen willkommen sind, die du heute liebst und die dich ebenso lieben – sollte es dir schwerfallen, diese blinden Passagiere aus deinem Herzen hinauszuschicken, dann kannst du diejenigen zu Hilfe rufen, die dich

lieben – mit vereinten Kräften könnt ihr dann diese überflüssigen Bewohner entlassen, mitsamt ihrem Gepäck – sieh genau hin, ob sie wirklich ihre Habseligkeiten packen und dein Herz verlassen – wenn du magst, kannst du nun die übrigen Räume überprüfen – kannst du dir vorstellen, auch all jene aufzufordern, zu gehen, die nicht bereit sind, dich in ihrem Herzen wohnen zu lassen? – das können Familienmitglieder sein oder frühere Partner, manchmal auch Freunde und Bekannte – es ist bemerkenswert, dass sie auch die Schatten ihrer Erinnerung mitnehmen, wenn sie das Haus deines Herzens verlassen – –

wenn du so weit bist, gehe noch einmal durch alle Räume deines Herzens – du kannst dir erlauben, die Gesichter all der Menschen, die du liebst und die diese Liebe erwidern, zu betrachten – haben sie jetzt genügend Raum? – vielleicht kannst du sehen, dass sie nun freier atmen können und sich lebendiger bewegen – und womöglich habt ihr alle Lust, miteinander zu tanzen, zu singen und euch in die Arme zu fallen – je mehr ihr dies tut, desto eher kann es sein, dass du plötzlich den intensiven Duft von Blumen wahrnimmst – denkbar wäre auch, dass du nun den Wunsch verspürst, neue Besucher in dein Herz einzuladen – vielleicht hast du noch nicht daran gedacht, die Tür des Hauses weit zu öffnen und diese Personen hereinzubitten – du musst keine Angst haben, dass dein Herz dafür zu klein ist – denn du kannst bemerken, wie alle Räume ein wenig größer geworden sind, sodass es Platz genug gibt für neue, geliebte Menschen – was passiert, wenn du auf diese Weise gut aufpasst auf dein Herz? – wenn du die Tür schließt für alle, die dir schaden, und sie weit öffnest für jene, die dein Leben bereichern und glücklich machen können? – und wenn du dich dann so richtig wohlfühlst, darfst du es dir selbst gemütlich machen, die Räume deines Herzens für einige Minuten intensiv genießen – –

du darfst wissen, dass du hier in einer Schwingung der Liebe leben kannst, die die ganze Schöpfung durchzieht – und wenn du nun eine Zeit lang in dieser Schwingung, in dieser alles durchdringenden Liebe, in den Räumen deines Herzens ruhst – fühlst du dich möglicherweise mit dem innersten Wesen der göttlichen Quelle verbunden – und früher oder später kannst du dir weiter vorstellen, dass Wellen der Liebe, Wellen von warmem, weichem Licht aus deinem Herzen strömen – und irgendwann strömen Wellen der Liebe von deinem ganzen Körper aus – sie füllen den ganzen Raum, in dem du dich befindest – du darfst sie weiter aussenden in die Stadt, in der du wohnst, in das Land, in dem du lebst, und schließlich in das ganze Universum – es ist leicht, sich vorzustellen, dass die Kraft der Liebe, die du empfinden kannst, in Wellen durch das ganze Sonnensystem strömt, bis hin zu den fernsten Planeten, Sternen und Sonnen – bis zu jenem Punkt im Universum, der die Quelle von Licht und Wahrheit ist – erlaube, dass die Wellen der Liebe dich immer in deinem Leben begleiten – spüre dieser Gewissheit noch ein wenig nach, und erfreue dich daran – –

wenn du möchtest, kannst du nun weiterhin die Wellen der Liebe bewusst senden – stelle dir dabei einfach vor, dass diese Wellen farbig sind – oder stelle dir ein leuchtendes, goldenes Licht vor, das von dir ausgeht – während du entscheidest, wie und wohin genau du diese liebevolle Energie senden möchtest, kannst du dich an den Gedanken gewöhnen, dass du dir auch selbst all die Liebe zusenden kannst – besonders, wenn du Schmerzen hast, wenn Teile deines Körpers krank oder überlastet sind – und du darfst dich an einen zweiten, sehr schönen Gedanken gewöhnen – darfst wissen, dass die Vorstellung davon, die liebevolle Energie von den kranken Körperteilen aus nach außen strahlen zu lassen, noch heilsamer ist – wenn du möchtest, kannst du dich jetzt auf irgendeinen Teil deines Körpers konzentrieren, der in Zeiten von Stress besonders empfindlich reagiert – erlaube ihm jetzt, ein Generator von Wellen der Liebe zu sein – spüre, wie du diesen Körperteil dabei erleben kannst, und nimm wahr, was sich dabei verändert, bis meine Stimme dich wieder erreicht – –

*** und wenn du nach und nach mit deinem Bewusstsein wieder zurückkommst ins Hier und Jetzt, musst du nicht genau verstehen, wie all diese Dinge zusammenhängen – du kannst es deinem Unbewussten überlassen, dein Verständnis für die Kraft der Liebe im Laufe der Zeit noch zu vertiefen – auch wenn es langsam Zeit wird, deine Reise zu beenden –

(Hinausführen)

Verbindung mit deinem höchsten Potenzial

Hintergrund und Ziel dieser Meditation

Jeder Mensch kann sich zur vitalsten, größten und besten Version seiner selbst entwickeln. Vielleicht gibt es Aspekte in deinem Inneren, die das bezweifeln, weil es in manchen Lebensbereichen nicht ganz nach Wunsch läuft. Deshalb wird bei dieser Heilmeditation der Schritt nach vorn in die Zukunft gemacht, wo du all die Menschen wahrnimmst, die ihr höchstes Potenzial bereits leben. Auch jene, die auf dem Weg dorthin sind, und die, die sich zwar dazu entschieden haben, aber noch nicht losgegangen sind. Und wir schauen auch nach hinten, in die Vergangenheit, um all das, was uns hindert, unser höchstes Potenzial zu leben, abzutrennen, damit wir die strahlendste Version unseres Selbst im Hier und Jetzt leben können.

Bei dieser Meditation kannst du den Zwischenschritt mit dem »sicheren Ort« wieder auslassen, da wir die Reise im Herzensraum, dem sichersten Ort überhaupt, beginnen.[2]

---

2 Elke Antara Minerva, eine Trainerkollegin, hat mich zu dieser Meditation inspiriert. Dafür möchte ich mich an dieser Stelle ganz herzlich bedanken.

Dauer der Meditation: 25–30 Min.
(abhängig von der gewählten Tranceinduktion.)

(Wähle eine Tranceinduktion.)

*** und mit dem Heben und Senken deines Brustkorbes lenkst du deine Aufmerksamkeit in den Bereich deines Herzchakras – und du weißt, dass dieses energetische Zentrum dich verbindet mit der Liebe, der All-Liebe, der Liebe zu dir selbst, der Liebe zu anderen Menschen, dem Einfühlvermögen und dem Mitgefühl für alles, was es gibt – und dort in deinem Herzzentrum gibt es deinen Herzensraum, deinen Herzenstempel, deine Herzenskammer, deinen Herzensplatz – ich weiß nicht, wie du diesen Bereich nennst – er hat seinen ganz eigenen Namen, den du ihm gibst – und dieser Herzensraum hat eine Tür, ein Portal, ein Fenster, eine Öffnung – auch hier weiß ich nicht, wie sich das bei dir darstellt – doch schaue genau hin, und nimm wahr, dass du die Öffnung zu deinem Herzensraum weit aufmachen kannst – deinen Herzenstempel öffnest und Licht hineinfluten kann – sodass es hell dort ist, strahlend hell, golden oder weiß – lasse es einfach geschehen, so, wie es dir möglich ist – als Bild vielleicht oder als Gefühl oder Gewissheit – und sei selbst dort in deinem Herzensraum – nimm dich wahr, dort im Lichte stehend – und fühle, wie es dir an deinem Herzensplatz so geht – dem Ort ganz bei dir – nimm ihn in Besitz, indem du ihn wahrnimmst, in allen Nuancen, allen Einzelheiten – schaue dich um, fühle und sieh, wer in deinem Herzensraum alles Platz findet – vielleicht magst du jemand Spezielles rufen, der bei dir sein soll – vielleicht ein Krafttier oder jemand aus der geistigen Ebene – möglicherweise einen deiner Freunde – nimm einfach wahr, dass all jene da sein können, die du hier haben möchtest – und schaue hin, wie sie sich dir zeigen – all jene, die dir wohlgesonnen sind, die dich unterstützen, begleiten, dir helfen – nimm Kontakt auf mit allen, die gekommen sind – und wenn du so im Kreise all derer bist, von denen du weißt, dass sie dir hilfreich zur Seite stehen – dann schaue nach vorn, schaue in deine Zukunft – schaue dorthin, wo sich jetzt auf seine ganz eigene Art und Weise dein höchstes Potenzial zeigt – dein Zukunfts-Selbst – denke dafür den erhabensten Gedanken, den du über dich selbst denken kannst – und lasse dieses Zukunfts-Selbst vor deinem inneren Auge in deinem Herzensraum vor dir erscheinen – dort steht jetzt dein höchstes Potenzial vor dir, physisch oder energetisch – erlaube dir, es vor dir sichtbar werden zu lassen – oder davon zu wissen – dein höchstes Potenzial zeigt sich dir jetzt – spüre, wie es dir damit geht – welche Gefühle du dazu hast – welche Gedanken dir dazu kommen – wie deine Wahrnehmungen sind – und wenn du dann nach unten schaust, zu deinen Füßen, kannst du dir vorstellen, dass du in einem riesengroßen Kreis stehst – und vor dir sichtbar sind 180 Grad dieses Kreises – und so stehst du selbst in diesem Kreis und siehst vor dir die Hälfte des Kreises – nimmst wahr, dass von dort, aus dem wissenden Feld des Kreises, dir das Potenzial all jener zuströmt, die ihr höchstes Potenzial schon leben – darauf greifst du zu, auf die Energien all jener, die schon angekommen sind in ihrem höchsten Potenzial – und spüre, wie diese Bewusstheit all jener dir zuströmt, wie du es in Besitz nimmst – dankbar, beflügelt, freudig, voller Enthusiasmus – ja, es gibt Menschen, die ihr höchstes Potenzial längst leben, und sie stellen es dir zur Verfügung – das Wissen darum, dass auch du es schaffen kannst, dein eigenes höchstes Potenzial zu leben – denn sie sind den Weg schon gegangen, haben ihn dir geebnet – und all das, was sie auf diesem Weg gelernt haben, stellen sie dir jetzt ebenfalls zur Verfügung – sodass du es leichter haben kannst – den Weg schon geebnet vorfindest – und auch das Potenzial all jener, die sich noch auf dem Weg befinden – die in dem Wissen sind, es zu schaffen, steht dir zur Verfügung – und du stehst in diesem Feld und kannst Zugriff auf das Wissen nehmen – sie alle sind auf dem Weg in dem Bewusstsein, es zu schaffen – und dann hast du noch Zugriff auf das Potenzial all jener, die wissen, dass sie sich auf den Weg begeben werden – auf den Weg zu ihrem höchsten Potenzial, genau wie du – all dieses Vermögen, dieses Wissen, dieses Wollen steht dir jetzt zur Verfügung – und spüre, wie es in jeder deiner Zellen zittert – jede Zelle wird darüber informiert, dass es möglich ist, sein höchstes Potenzial zu leben – und vielleicht ist es dir sogar möglich, zu spüren, wie sich deine Zellen formen – wie sie hüpfen vor Glück, vor Begeisterung – wie kleine Smileys hüpfen sie in deinem Körper herum – jede Zelle ist bereit dazu, diesen Weg zu gehen – all dieses Wissen umzusetzen – und wenn du dann, in diesem Kreis stehend, dich umdrehst, sodass du dein höchstes Potenzial im Rücken hast – kannst du in dieser anderen Hälfte des Kreises, in diesen 180 Grad, all jene sehen, die

dich noch an Altes binden – dich hindern, dein Potenzial zu leben – dies können Personen sein oder auch Situationen – schaue hin, was dich ungut bindet – mit wem du verstrickt bist – nimm all jene wahr, die nicht möchten, dass du dein Potenzial lebst – aus welchen Gründen auch immer – nimm all die Situationen wahr, die dich an Altem festhalten lassen – und dich schwer machen, dich behindern – und manchmal sind solche Verstrickungen tatsächlich als Stricke erkennbar – als Ketten oder Bänder – nimm einfach nur wahr, ohne Bewertung – und wenn du bereit bist, zu lösen, was gelöst werden müsste, dann frage dich innerlich, ob du dies jetzt tun möchtest – ob du all die Stricke, all die Bänder kappen willst, die da sind – und wenn dem so ist, dann tue dies jetzt – durchschneide diese Haltebänder, diese Verstrickungen – zersäge sie, zerfetze sie – und wenn du Hilfe brauchst, dann bitte darum – lasse dir helfen von all denen, die dir in deinem Herzensraum zur Seite stehen, dich unterstützen – befreie dich von dem, was dich abhält, dein höchstes Potenzial zu leben – befreie dich in Dankbarkeit, denn all das, was dich bisher gehalten hat, hat dir auch gedient – vielleicht hat es dir Stabilität gegeben, Rückhalt – vielleicht war es einfach so bekannt, dass nichts Neues zu dir kommen konnte – löse dich in Dankbarkeit – und dann drehe dich wieder um in diesem Kreis, sodass du dein höchstes Potenzial wieder vor Augen hast – und spüre nach hinten, wie es sich anfühlt, befreit zu sein – so befreit, wie es heute möglich ist – spüre nach vorn, um wahrzunehmen, wie das Bewusstsein all derer, die ihr höchstes Potenzial schon leben, zu dir fließt – sowie auch die Erkenntnis all derer, die auf dem Weg sind zu ihrem höchsten Potenzial, zu dir fließt – und wie die Energie von denen, die sich auf den Weg machen werden in dem Bewusstsein, ihr höchstes Potenzial zu erreichen, auch zu dir kommt – und dann gehe die ersten Schritte in Richtung deines höchsten Potenzials – und spüre, wie es sich anfühlt, diesen Weg zu beschreiten – nimm wahr, wie es dir geht, wie du dich fühlst – sieh, was es zu sehen gibt, und schaue, wie dein höchstes Potenzial dich erwartet – schaut euch in die Augen, und fühle, fühle mit jeder Faser – all dies ist möglich und jetzt schon geschehen – die Zukunft ist zu deiner Gegenwart geworden, indem du dich von deiner Vergangenheit befreit hast – und so lebe jetzt jeden Augenblick in dieser Freiheit und in der Verbundenheit – erlaube dir, beides gleichzeitig zu spüren – du bist frei und verbunden – und nur in der Verbundenheit kannst du diese Freiheit spüren – denn Freiheit hat nur dann eine Bedeutung, wenn Verbundenheit existiert – Freiheit allein ist nicht wirklich, ist aufgezwungen, und dann bist du allein – Freiheit und Verbundenheit beflügeln dein Herz und lassen dich in dein höchstes Potenzial hineingehen – und so nimm all diese Gefühle, all das, was du siehst und hörst – nimm es in jede deiner Zellen auf – –

*** nimm all dies mit zurück, wenn du dich langsam von den inneren Bildern löst – löse dich von diesen Bildern in dem Bewusstsein, in der äußeren Realität genau das leben zu können – nimm diese Gewissheiten mit, wenn die Bilder sich auflösen und du zurückkommst –

(Hinausführen)

Begegnung mit deinem Zukunfts-Ich

Hintergrund und Ziel dieser Meditation

Wenn unsere Träume verblassen und wir nicht mehr wissen, wohin wir wirklich wollen, dann fehlt uns die Zukunft, die wir brauchen. Ohne auf das hoffen zu können, was sie uns verheißt, sind wir in der Vergangenheit oder im ewigen Moment gefangen, mit allem, was uns belastet, und ohne den Kompass und die Kraft, die unsere Träume uns einst boten.

Erschaffe dir mithilfe dieser Meditation eine Realität, die dich friedvoll, glücklich und erfolgreich sein lässt.

Dauer der Meditation: 20–25 Min.

(abhängig von der gewählten Tranceinduktion)

(Wähle eine Tranceinduktion.)

*** tauche nun ein in die Welt deiner Bilder und Gefühle – erlebe in deiner Innenwelt jetzt einen Ort, an dem du dich behütet und sicher fühlst – irgendeinen Platz, an dem du dich wohl- und in Sicherheit fühlst – schaue dich dort um – nimm all das wahr, was an diesem sicheren Ort wahrzunehmen ist – höre all die Geräusche dort, und fühle, wie es dir geht – und hierher kannst du all jene einladen, die heute deine Reise begleiten sollen – all die Wesen aus der Geistigen Welt, die dir nahe sind – lade sie ein, bitte darum, dass sie bei dir sind – du weißt, dass dich deine Reise heute in die Zukunft führt – dass du dein Ich erleben, treffen kannst, das jetzt aus der Zukunft einen Schimmer zu dir werfen wird – dein zukünftiges Ich wartet auf dich – und dieses zukünftige Selbst hat schon vieles erlebt – hat vieles erkannt – sich vieles bewusst gemacht – ganz viel schon verändert – Erfahrungen integriert – Wissen und Weisheit erworben – und in dieser Welt, in der du dich jetzt befindest, gibt es keinen Raum und keine Zeit, alles ist im Hier und Jetzt – und so ist es dir ein Leichtes, dich in Begleitung deiner geistigen Helfer auf die Reise zu begeben – –

*** einen Weg zu finden, der dich durch eine Landschaft führt, die dich mit ihrer unberührten Natur beeindruckt – schaue dich hier um, und sieh, was da alles wächst – vielleicht kannst du auch Tiere wahrnehmen – und wenn du weitergehst, deinen ganz ureigenen Weg weitergehst – kommt dir womöglich dein Krafttier entgegen, jetzt – und auch dieses begleitet dich, stellt dir all seine Energie für den Weg zur Verfügung, den du noch zu bewältigen hast – und so gelangst du zu einer Brücke – schaue sie dir an, wie sie beschaffen ist und was genau sie überbrückt – und du weißt, wenn du diese Brücke überschreitest, wirst du deinem zukünftigen Selbst begegnen – und so mache dich bereit, diese Brücke zu betreten – du kannst jeden Schritt, den du gehst, spüren – und vielleicht gehst du langsam – möglicherweise auch flotten Schrittes – du setzt einen Fuß vor den anderen – gehst immer weiter über diese Brücke – bis du dann in der anderen Welt stehst, wo dir aus der Ferne dein Zukunfts-Ich entgegenkommt – schaue es dir an – wie siehst du aus in deiner Zukunft? – wie hast du dich verändert? – wie begegnet dir dein zukünftiges Selbst? – erkennt ihr euch? – was empfindet ihr füreinander? – und du hast nun die Gelegenheit, dein Zukunfts-Selbst zu fragen, was es verändert hat in Bezug auf die Liebe – auf die Liebe zu dir selbst, auf die Liebe zu anderen Menschen – zu deinem Partner, deinen Kindern, Eltern, Freunden, Verwandten – frage dein zukünftiges Selbst, was genau es getan oder gelassen hat – was es integriert hat – und höre die Antworten mit den Ohren deines Herzens – wenn du etwas nicht verstehst, frage nach – öffne dein Herz weit für die Botschaften deines Selbstes aus der Zukunft – dein Ich hat viel erlebt, vielleicht auch viel erlitten, viel erfahren, viel transformiert – erlaube deinem Zukunfts-Ich, seine Hand auf dein Herz zu legen – sodass über diese Berührung energetisch Informationen in dich hineinfließen können – all das, was dein Verstand jetzt gar nicht begreift, kann über diese Berührung in dich, in dein Zellbewusstsein hineinfließen – bitte gleichzeitig darum, dass dir eine Wesenheit erscheint, vielleicht Mutter Maria, Göttin Isis oder ein Erzengel, die/der dich begleitet – und mit ihrer/ seiner Gnadenenergie dazu beiträgt, dass all das, was schwierig ist, erlöst wird – erlaube dir selbst, dass sich neue Vernetzungen in deinem Gehirn bilden durch die Berührung deines Zukunfts-Ich und durch die Worte, die vorher gesprochen wurden – frage dein zu-

künftiges Selbst, wie es dir möglich wird, deine Liebe bedingungslos werden zu lassen – und auch, was du tun kannst, um die Liebe,
die dir geschenkt wird, bedingungslos anzunehmen – frage dein
zukünftiges Selbst auch, wie es es geschafft hat, sich selbst immer
mehr zu verzeihen – und sich so zu akzeptieren, wie es ist – ohne
Perfektion vollkommen zu sein – wie macht dein Zukunfts-Ich
das? – vielleicht haben die geistigen Wesen auch noch eine Botschaft für dein gegenwärtiges Selbst – bitte sie einfach um dieses
Geschenk der Informationen – und dann bedanke dich bei deinem
zukünftigen Selbst für all die Informationen, die du erhalten hast –
für die Informationen über den Kopf – für die Informationen über
das Herz – und auch für die Informationen, die auf anderen Wegen
zu dir gefunden haben – und im Vertrauen darauf, dass alles, was
jetzt geschieht, Wirkung zeigt, wendest du dich wieder der Brücke
zu – und diese Brücke ist in eine Farbe getaucht, die symbolhaft
für Vertrauen steht – schaue dir deine Brücke und die Farbe des
Vertrauens an, wenn du die Brücke nun erneut betrittst – und das
Vertrauen in dich hineinsickert – weil du durch diese Farbe hin-
durchgehst – und wenn du dann wieder das andere Ende der Brücke erreicht hast, bist du abermals ganz in deinem gegenwärtigen
Ich – mit all den Erfahrungen deines zukünftigen Ichs in dir – und
so gehst du wieder deinen Weg zurück durch die Natur –
*** zurück zu deinem sicheren Ort – zu dem Platz, der immer für
dich da ist, wenn du Sicherheit und Kraft brauchst – bedanke dich
hier bei all den Wesen, die dich begleitet haben – bei deinen spirituellen Begleitern – bei deinem Krafttier vielleicht – bedanke dich für
all die Hilfe, die du möglicherweise gespürt hast – sodass du dann
wieder kräftiger ein- und ausatmen kannst –

(Hinausführen)

Raum der ersten Schritte

Hintergrund und Ziel dieser Meditation

Die Kombination des Erlebens im Herzensraum mit dem senkrechten Atem bewirkt ein sehr intensives Empfinden der eigenen Körperlichkeit und eine gleichzeitige Verbundenheit mit der geistigen Ebene. In dieser Verbundenheit fällt es besonders leicht, Informationen aus der geistigen Ebene zu empfangen, die dazu dienen, Lösungen für Probleme zu finden.

Auch bei dieser Meditation kann auf das Aufsuchen des sicheren Ortes verzichtet werden, da wiederum das eigene Herz, das Herzchakra, als Eintritt in die Innenwelt genommen wird.

Dauer der Meditation: ca. 15 Min.
(abhängig von der gewählten Tranceinduktion)

(Wähle eine Tranceinduktion.)

*** im Wissen um den senkrechten Atem ist es dir ein Leichtes, ausgehend von deinem Herzensraum, hoch und tief zu atmen – einfach und leicht strömt dein Atem über dein geöffnetes Kronenchakra hoch hinauf in das Herz von Vater/Mutter Gott – um dann tief hinunterzufließen, in das Herz von Mutter Erde – und beide Energieströme treffen in deinem Herzensraum aufeinander – deine Dankbarkeit dafür strömt nach oben und nach unten – nimm dir Zeit, diesen senkrechten Atem von allein geschehen zu lassen, bevor du ihn sich selbst überlässt – im Wissen, dass es geschieht, weil du es so möchtest – –

und wenn du dann deine Aufmerksamkeit wieder in deinen Herzensraum lenkst – kannst du von dort die Wesenheit aus der Geistigen Welt zu dir rufen, die du als Hilfe für deine Probleme bei dir haben möchtest – die Wesenheit, die dich jetzt in deinem Prozess begleiten soll – und es ist egal, ob du deinen Schutzengel rufst oder Mutter Maria – ob es Erzengel Michael ist oder Lichtfürst Metatron – vielleicht auch Hohepriester Melchisedek oder ein Krafttier – nimm mit der Wesenheit aus der Geistigen Welt Kontakt auf, die dich jetzt begleiten soll – manchmal sind diese geistigen Helfer spürbar, manchmal sichtbar, manchmal auch beides, und manchmal wissen wir auch einfach, dass sie da sind – dann bitte deinen Helfer, dir ein Symbol zu geben, das deiner aktuellen Situation entspricht – lasse dir etwas schenken, und hinterfrage nicht, was du bekommst, auch wenn du es vielleicht nicht verstehst – bedanke dich für das, was du erhältst – und dann bitte diese Wesenheit noch um eine Botschaft bezogen auf deine Situation – ein Wort vielleicht, ein Satz womöglich oder ein Bild, das dir weiterhilft – und dann bedanke dich für das, was dir gegeben oder gesagt wurde – bedanke dich auf deine Art und Weise – bevor du dich dann in deinem Herzensraum umschaust und erkennen kannst, dass es hier noch eine Tür gibt – selbst wenn dein Herzensraum in der Natur liegt, findest du hier eine Tür – schaue genau hin, und gehe auf die Suche nach ihr – gehe ins Finden dieser Tür – hinter dieser Tür verbirgt sich der Raum der ersten Schritte – die ersten Schritte hin zur Lösung – wenn du bereit bist, öffne die Tür, und schaue dich dort um – all das, was du hier wahrnimmst, sind erste Schritte auf dem Weg zu deiner Lösung – denn dies ist der Raum deiner inneren Weisheit – deine innere Weisheit kennt den Weg zur Lösung – vielleicht sind die ersten Schritte in diesem Raum schon machbar – vielleicht ist es auch so, dass du hier informiert wirst, was du tun kannst – lasse dir Zeit, dich umzuschauen und dir all die Informationen geben zu lassen, die du brauchst, um deinen Weg weitergehen zu können – –

*** nimm alle Informationen mit, wenn du diesen Raum wieder verlässt – wenn du zurückkommst in deinen Herzensraum, in diesen Raum, der dein Herzenslicht beheimatet – wo der göttliche Funke sichtbar oder fühlbar für dich ist – wo es dir möglich ist, senkrecht zu atmen in das Herz von Vater/Mutter Gott und in das Herz von Mutter Erde – wo du verankert und verwurzelt bist, damit du fliegen kannst – –

und wenn du dann auch diesen Herzensraum verlässt, kannst du all das mitbringen, was dir in deiner inneren Erlebniswelt geschenkt wurde –

(Hinausführen)

Lieben heißt, die Angst zu verlieren

Hintergrund und Ziel dieser Meditation

Die Essenz unseres Wesens besteht aus Liebe. Liebe ist unser natürliches Erbe. Angst ist eine Illusion und wird von unserem Intellekt produziert. Wir können jederzeit frei wählen, ob wir in Angst oder in Liebe auf uns und die Welt schauen wollen. Wir tragen die Fähigkeit, glücklich und im Frieden zu sein, in uns, wir müssen uns nur immer wieder bewusst dafür entscheiden. Das Leben fordert uns immer wieder auf, im Hier und Jetzt zu sein und zum Kern unseres Lebens vorzudringen: zur Liebe.

Diese Meditation bedient sich der Energien von Elfen und Feen, die die Welt der unsichtbaren Kräfte verkörpern. Sie helfen dir, Ängste zu transformieren und die Liebe in dir selbst zu finden.

Dauer der Meditation: 20–25 Min.
(abhängig von der gewählten Tranceinduktion)

(Wähle eine Tranceinduktion.)

*** und auf deine Art und Weise gelangst du wieder an deinen sicheren Ort – den Platz, an dem du dich behütet und beschützt fühlst – genieße dieses Gefühl der Sicherheit, bevor du dich auf deine Reise begibst – –

*** wärst du sehr erstaunt, wenn du dich an einem Waldrand sitzend wiederfindest? – vielleicht erlebst du dort gerade einen Sonnenaufgang – hörst das Zwitschern der Vögel und fühlst dich leicht, friedvoll und angekommen – koste diese Stimmung aus, und erlaube dir, zu träumen – –

das Träumen kann bewirken, dass du bald nicht mehr weißt, ob du schläfst oder wach bist – und wenn du dann neben dir einen klaren Bergkristall entdeckst – und beim weiteren Schauen bemerkst, dass hier offensichtlich viele Kristalle ihren Platz gefunden haben – wundert es dich auch nicht mehr, dass dieser Ort offensichtlich die Heimstatt von Elfen und Feen ist – diese kleinen, anmutigen Wesen tanzen, mit ihren zarten Flügelchen schlagend, graziös durch die Lüfte – lachend und singend springen sie um dich herum – wunderschön und zierlich schimmern sie golden und silbern im glänzenden Sonnenlicht – du weißt, dass diesen kleinen und anmutigen Wesen die Natur am Herzen liegt – und auch, dass sie in Not geratenen Menschen gern helfen – dass sie Vermittler sind zwischen der Natur und den Menschen – und dafür sorgen, dass Harmonie herrscht – immer sind sie in tiefster Liebe mit allen anderen Wesen verbunden, auch mit dir – in ihrer bedingungslosen Liebe für dich und in ihrer Freude tanzen sie um dich herum – etwas in dir weiß, dass ihre Aufgabe heute darin besteht, den Kontakt und Austausch zwischen dir und deinen Ängsten zu vermitteln – mit diesem Wissen magst du dem Tanz der Elfen zuschauen – magst dich vielleicht ermutigt fühlen, es den kleinen Naturgeistern gleichzutun und ebenfalls zu tanzen – kichernd, neugierig und sich gegenseitig stupsend, kommen sie dir flügelschlagend entgegen – setzen sich auf deine Schultern und flüstern dir Koseworte ins Ohr – sie schenken dir ihr Vertrauen und bitten dich, dein Herz zu öffnen – bitten dich, ebenfalls Vertrauen zu haben und ihnen mit offenem Herzen zu begegnen – sie zeigen dir ihre tiefe, bedingungslose Liebe zu dir – und gleichzeitig spürst du das sanfte Flattern der Angst in deinem Herzen – was, wenn sie dein Vertrauen missbrauchen und du dich wieder verletzt fühlst? – wenn sie dich irgendwann ablehnen, abweisen und nicht mehr bedingungslos lieben? – schon so oft hast du erlebt, dass dein Vertrauen missbraucht wurde, und hast deshalb dein Herz verschlossen – da flüstert dir eine kleine Elfe ins Ohr:

»gehe in Resonanz mit der bedingungslosen Liebe, dann kannst du deine Angst vor Verletzungen des Herzens verwandeln« – kaum hast du den Sinn dessen, was dieses Wesen dir sagt, verstanden, zeigt sich dir deine Angst als jammervolle Gestalt – schaue sie dir an, und werde dir bewusst, dass diese Gestalt das Produkt deiner Gedanken ist – dass du sie manifestierst und in diesem Zustand der Hilflosigkeit hältst – und während die Elfe dich liebevoll betrachtet, fällt es dir immer leichter, die Gestalt deiner Angst mit dem gleichen liebevollen Blick zu betrachten – was bewirkt, dass sich die Gestalt deiner Angst verändert, dass sie größer wird und zu strahlen beginnt – und jetzt, wo ihr beide gleich groß seid und ihr euch in die Augen schaut, kannst du begreifen, dass sie ein Teil von dir ist – dass du sie zu dir zurückholen kannst – heimholen kannst in dein Herz – denn alles, was du mit den Augen der Liebe betrachtest, verliert seinen Schrecken – so auch die Angst, die Angst vor Verletzungen des Herzens – im Angesicht deiner Angst ist es dir nun möglich, dein Herz zu öffnen – deinen Herzenstempel zu öffnen und der Angst einen Platz in deinem Herzen zu gewähren – gleichzeitig hörst du die Worte, die die Elfe an dich richtet: – »du bist ein perfektes Kind Gottes, und jeder Aspekt deines Wesens ist wunderbar – lasse alles los, was dich daran hindert, Liebe zu geben und zu empfangen – alle überhöhten Ansprüche an dich selbst – sieh dich selbst und das schlagende Herz der göttlichen Liebe in deiner Seele – du wirst bedingungslos geliebt, und ich bitte dich, dich selbst und all deine Ängste auf die gleiche Weise zu lieben« – diese Worte hörend, kannst du bemerken, dass sich dein Herz weitet, sich ausdehnt – dass es sich mit Liebe füllt, mit einer Liebe, die sehr hoch schwingt – Ruhe und Frieden stellen sich ein, lassen dich tief durchatmen und dich frei und beschwingt fühlen – so beschwingt, dass du gern wieder mit den Elfen und Feen tanzen möchtest – dich von ihrer Lebensfreude anstecken lässt und dich auf der Lichtung im Sonnenschein wirbelnd drehst und wendest – –

und wenn dann langsam die Zeit gekommen ist, zurückzukehren in die äußere Realität – erinnerst du dich wieder daran, dass du am Waldrand sitzt und träumst – in der Sonne sitzend, sinnierst du darüber, was all dies nun war, war es Realität oder Traum? – wie dem auch sei, es wird Zeit, zurückzukommen – –

*** und so verblassen die inneren Bilder, und du gelangst auf deine Art und Weise wieder zurück an deinen sicheren Ort –

(Hinausführen)

MEDITATIONEN
zur Heilung
auf verschiedenen
Ebenen

Heilreise durch den Bodyscan

Hintergrund und Ziel dieser Meditation

All das, was du auf körperlicher Ebene an Schmerz, Druck, Pochen, Zittern, Stechen, Pein, Leid etc. wahrzunehmen vermagst, kannst du mithilfe von Annehmen, Segnen, Verzeihen und durch das Integrieren im Herzen transformieren. Bei dieser Innenweltarbeit kommen Elemente der verschiedensten Methoden zum Tragen. So z. B. die »Heilsame Kommunikation mit dem Körper«, das »Ho'oponopono«, ein hawaiianisches Vergebungsritual, und die »Macht des Segens«. Die Kombination dieser Methoden bewirkt besonders kraftvolle und Heilimpulse anregende Veranderungen im Körper.

Wir alle sind in unserer Essenz reine Liebe, ein Teil der göttlichen Quelle. Auch wenn wir Schmerz, Trauer, Wut, Ohnmacht und Frust spüren oder negative Situationen erleben, sind diese Gefühle oder Erlebnisse eingebunden in die Liebe, die wir sind. Es gibt kein Getrenntsein von dieser Liebe. Die Aussage »gleichzeitig bin ich in Liebe« während des Bodyscans verdeutlicht dies.

Die Bemerkung »... und korrigiere« greift mental in das energetische Informationsfeld des Menschen ein. Korrigieren heißt, dass ich einen neutralisierenden Gedanken in mein Energiefeld schicke, der dann eine Veränderung bewirkt. Gedanken haben große Wirkung. Die energetische Schwäche, bezogen auf das jeweilige Problem, wird damit neutralisiert bzw. aufgelöst. Diese energetischen Schwächen können aus allen Bereichen unseres Lebens stammen.

Zum Beispiel aus dem Bereich Gesundheit, Beziehungen, Finanzen, Überzeugungen etc. Sie können auch in allen möglichen Ebenen des Seins liegen: auf körperlicher, mentaler, emotionaler, psychologischer und auch auf außersinnlicher Ebene.

Durch das Segnen eines Schmerzes oder eines Gefühls empfinden manche Menschen Geborgenheit oder Zuspruch, andere Freude oder Kraft. »Der Segen (auch Benediktion, lat. *benedictio*, von *bene dicere* ›Gutes zusagen‹) ist ein Ritus, der einer Person göttliche Lebenskraft und Schutz zuspricht. Bei der Segnung eines Gegenstandes wird zum Ausdruck gebracht, dass sein Gebrauch heilsam sein möge.«[3]

Segen ist also etwas Wohltuendes, etwas, was mit einem beglückenden, erfüllenden Gelingen zusammenhängt. Segnen heißt, einen Menschen oder eine Sache der Zuwendung Gottes zu überantworten, der das Gelingen schenkt. Segen ist demnach ein Geschenk Gottes und bewirkt Positives.

Bei dieser Reise kannst du den Zwischenschritt mit dem sicheren Ort auslassen, da du über die hier vorgegebene Tranceinduktion bereits in die Thematik einsteigst. Auch der Text für das Herausführen aus der Meditation ist hier vorgegeben.

---

3 www.kathpedia.de, Stand: April 2020

Dauer der Meditation: ca. 20 Min.

*** Wenn du bereit bist für diese Heilreise, dann mache es dir ganz bequem – finde die Position, die sich richtig für dich anfühlt – und wenn du deine Lage gefunden hast, weißt du, dass es nichts mehr zu tun gibt – nichts Richtiges und auch nichts Falsches – du weißt, dass du jetzt ganz bei dir sein kannst, dich selbst ganz und gar im Fokus haben darfst – –

all deine Sinne zu dir zurückzunehmen vermagst – auch wenn du im Außen Geräusche hörst – all das, was deine Ohren vernehmen, kannst du dazu nutzen, mehr und mehr bei dir anzukommen – tiefer und tiefer in die Entspannung zu sinken – einfach dich selbst wahrzunehmen, wie du hier sitzt oder liegst – bewirkt, dass du bemerken kannst, wie dein Atem kommt und wie er geht – nur wahrnehmen, beobachten, nicht bewerten, nicht beurteilen und schon gar nicht verurteilen – lasse deinen Atem kommen und gehen, lasse mit jedem Atemzug deine Bauchdecke und deinen Brustkorb sich heben – und mit dem Ausatmen gib all das ab, was du jetzt nicht mehr brauchst – atme nun dreimal ganz bewusst so ein, dass du beim Einatmen drei Sekunden lang Luft holst und beim Ausatmen mit leicht geöffnetem Mund acht Sekunden lang ausatmest – und ein – und aus – und ein – und aus – und ein – und aus – dann überlasse deinen Atem wieder sich selbst – erlaube dir, dass es dich atmet, sodass deine Aufmerksamkeit deine Füße finden kann – um zu bemerken, wie sich diese anfühlen – und von den Füßen kann deine Aufmerksamkeit wieder hinaufwandern durch deinen gesamten Körper – bis zu den Haarspitzen hoch hinauf – gehe mit deiner Aufmerksamkeit mit jedem Atemzug ein Stückchen höher hinauf in deinem Körper, und bemerke, wie jedes deiner Körperteile sich anfühlt – nimm auch hier wieder einfach nur wahr – bemerke dabei, dass sich mit jedem Höhergehen dein Körper anders anfühlt – –

und wenn du so deinen Körper durchscannst und bemerkst, was sich frei, gelöst und locker anfühlt – kannst du gleichermaßen auch fühlen, wo Spannungen und Verhärtungen sind und wo er sich nicht ganz so frei anfühlt – –

verweile dann mit deiner Aufmerksamkeit in oder an einem Körperteil, den du besonders bemerkst, vielleicht durch einen Schmerz, ein Stechen oder Pochen, eine Verhärtung oder eine Verspannung – atme in diesen Körperteil hinein, nimm ihn bewusst wahr, und schenke ihm deine völlige Zuwendung – deine ungeteilte, komplette Aufmerksamkeit – atme immer wieder an diese Stelle, und schicke dann einen Gedanken der Liebe, einen Gedanken des Bejahens dorthin – sage diesem Körperteil: »ich bemerke dich, ich nehme dich wahr, und gleichzeitig, indem ich dich wahrnehme, bin ich in Liebe und korrigiere« – und dann segne diesen Körperteil, sage ihm: »ich segne dich, gleichzeitig bin ich in Liebe und korrigiere« – beobachte währenddessen, wie dein Körperteil reagiert – wird er lockerer, vielleicht gelöster? – lässt ein Schmerz oder ein Druck nach? – vielleicht gibt er dir auch Antwort – und dann sage diesem Körperteil: »ich nehme dich, Schmerz, Druck, Pochen, Stechen, was immer auch da ist, dankbar an, und ich vergebe mir« – beobachte nun wieder, wie dieser Körperteil reagiert – dann stelle dir vor, dass du hinter deinem Brustkorb einen Raum hast – deinen Herzensraum, deinen Herzenstempel – den du schon so gut kennst oder gerade jetzt erst kennenlernst – schaue hin, wie dein Herzenslicht sich dir zeigt – und dann kannst du experimentieren – atme hinein in dein Herzenslicht, und bemerke, wie es dadurch größer und heller strahlt – atme es ganz groß und ganz hell – und dann lenke deine Aufmerksamkeit wieder zu dem Körperteil, der sich dir vorhin gezeigt hat durch einen Schmerz oder einen Druck oder eine Verspannung – dann sage diesem Gefühl, das du da in deinem Körper spürst: »ich gebe dir jetzt einen Platz in meinem Herzen« – und nimm es mit herein in deinen Herzensraum – nimm dieses Gefühl oder diesen Druck mit, und übergebe es oder ihn deinem Herzenslicht – vielleicht fällt es dir leichter, wenn du diesem Gefühl, das du in deinem Körperteil wahrnehmen kannst, eine Gestalt gibst, eine Form, etwas, was du sehen kannst – vielleicht kannst du auch einfach wissen, dass du dieses Gefühl jetzt in dein Herzenslicht bringst – und nun beobachte, was mit diesem Körperteil, mit diesem Gefühl in diesem Körperteil geschieht, wenn du es dem Licht übergibst – sage diesem Gefühl: »jetzt hast du einen Platz in meinem Herzen, zur Integration, Transformation und zur Heilung« – und beobachte, was geschieht, und egal, was du wahrnimmst, ob da ein Bild ist, ein Gefühl, ein Wissen oder auch nichts, alles ist in Ordnung – es darf alles sein, alles kommt zu seiner Zeit – bleibe einfach in der Beobachtung all dessen, was ist – –

*** bevor du dich dann wieder nach außen wendest, um dich und deinen Körper, der hier sitzt oder liegt, wieder anders wahrzunehmen – nimm auch den Körperteil wieder wahr, der vorhin in deinem Fokus war – um zu bemerken, was sich verändert hat – sodass du dann einen kräftigen Atemzug nehmen kannst und mit dem Mehr an Sauerstoff dich an die Oberfläche des Seins zurückatmest – dich hierher in diesen Raum atmest – dich dehnst und streckst – und wenn du dann deine Augen öffnest, kannst du wieder ganz im Hier und Jetzt sein.

Selbstliebe heilt

Hintergrund und Ziel dieser Meditation

Eigentlich sollte es ganz einfach sein, sich selbst zu lieben. Sich mit all seinen Facetten genauso anzunehmen, wie man ist, und sich damit auch noch wohlzufühlen. In der Realität ist es leider etwas anders. Da wir es von Kindesbeinen an gewohnt sind, uns durch die Augen anderer wahrzunehmen, sind wir geneigt, deren Urteil mehr zu vertrauen als unserem eigenen.

Bei dieser Meditation geht es darum, dich durch die Augen deines wahren Selbst zu sehen und dich davon berühren und heilen zu lassen. Dieses wahre Selbst ist unser ursprüngliches Wesen, das unverfälscht und unbegrenzt ist. In unserem wahren Selbst herrscht nur Frieden. Es führt weder Krieg gegen sich selbst noch gegen andere.

Dauer der Meditation: 20–25 Min.
(abhängig von der gewählten Tranceinduktion)

(Wähle eine Tranceinduktion.)

*** denn du sinkst nach innen, in die Welt deiner Bilder und Gefühle, in deine innere Erlebniswelt – in eine Wahrnehmung, die du durchaus selbst kreieren kannst – und so tauche einfach ein, in einen Ort, der dir gefällt, wo du dich wohl-, behütet und beschützt fühlst – sei einfach dort, auf deine Art und Weise – schaue dich um – welches Bild entsteht in dir, welche Landschaft vielleicht oder welcher Raum? – nimm dich selbst dort wahr, sei selbst dort – deine ganze Bewusstheit dort, an dem Ort deiner Sicherheit – und an diesem Ort kannst du all jene zu dir rufen, die du gern bei dir haben möchtest – Wesen aus der geistigen Ebene, Schutzengel vielleicht, die Seelen von Verstorbenen, ein Krafttier – wen immer du auch rufst, du wirst gehört werden – du kannst all dies sehen oder fühlen, auf deine Art und Weise wahrnehmen – denn die Absicht genügt, und es geschieht – von deinem sicheren Ort aus machst du dich bereit, deine innere Reise zu beginnen – –
*** eine Reise, die dich auf eine wunderschöne Sommerwiese führt – sei einfach dort, nimm wahr, welche Blumen auf dieser Wiese blühen – wie sich das Gras anfühlt – und wie die Sonne deine Haut erwärmt – spüre dich selbst dort auf dieser wunderschönen Wiese, wo ein Summen und Brummen zu hören ist, von all den Insekten, den Bienen und Hummeln, die dort umherfliegen – von Blüte zu Blüte tanzen die Tierchen, und du beobachtest, nimmst wahr – streife einfach durch diese Wiese, und genieße die laue Sommerzeit – bis du in der Ferne einen wunderschönen Baum entdecken

kannst – seine breite Krone verspricht Schatten – und während du so zu ihm hinschlenderst, kannst du wiederum spüren, wie die Gräser deine Waden kitzeln – dann lässt du dich im Schatten dieses wunderschönen Baumes nieder – vielleicht magst du dich an den Stamm anlehnen – vielleicht auch einfach ins Gras legen, sodass du die Erde und das frische Grün riechen kannst – möglicherweise lädt dich das Summen und Brummen dazu ein, und der laue Wind vermag sein Übriges dazu beizutragen – all diese Eindrücke lassen dich einfach einschlafen, sodass du in einen Traum versinkst – und dir ist nicht wirklich bewusst, ob du wach bist oder schläfst, ob du wach bist oder träumst – denn das, was du wahrnimmst, ist so real, dass beides möglich ist – ein Tagtraum, ein Schlaftraum, Realität oder Fiktion – all dies fließt ineinander, und du nimmst dich auf eine ganz neue Art und Weise wahr – so, als ob du neben dir stündest – siehst du deinen Körper hier liegend oder am Baum sitzend – und interessanterweise bist du nackt – du bestaunst dich, nimmst jede Nuance deines Körpers wahr – noch nie hast du dich auf diese Art und Weise gesehen – denn ein Spiegel zeigt nie das, was wirklich ist – und hier erkennst du dich im Gras liegend, wunderschön – eine leuchtende Aura umgibt dich – schaue ganz genau hin, nimm jede Körperstelle wahr, und spüre, was du für diesen Körper empfindest – für diesen physischen Körper, der da im Gras ruht – nimm wahr, wie das wahre Wesen, das du bist, diesen Körper jetzt sehen kann – als Tempel deiner Seele, die ewig lebt und nicht an diesen Körper gebunden ist – sieh die Augen – auch wenn sie geschlossen sind, ist dir bewusst, wie sie hinter den geschlossenen Lidern aussehen – sieh das Herz in deiner Brust, mit all seinen Verletzungen, mit all seinen Schrammen und Narben – wie ein Flickmuster mag es dir erscheinen – ganz alte Wunden kannst du entdecken, tiefe, hässliche Narben und trotzdem so schön im Schein dieses Sonnenlichtes – denn dieses Herz zeugt davon, dass du gelebt hast, mit dem Herzen gelebt hast – und wenn du jetzt deine Hände um dieses Herz schließt, kannst du bemerken, dass aus deinen Händen goldene Energie fließt – dieses Herz umhüllt, in die Narben hineinsickert, die Schrunden ausgleicht – dort, wo Ecken fehlen, diese ersetzt – durch deine eigenen Hände fließt dieses goldene Licht – beobachte, was es alles mit deinem Herzen zu tun vermag – und das Pulsieren des Herzens nimmt dieses goldene Licht tiefer und tiefer in sich auf, sodass auch noch die allerletzte Nische ausgefüllt wird – und so kannst du nun deine Aufmerksamkeit tiefer hinunterlenken zu deinen Geschlechtsteilen – kannst bemerken, welches Licht dort benötigt wird, um Heilung in diesen Bereich zu bringen – und indem du deine Hände dort auflegst, kannst du erkennen, welches farbige Licht dahin fließt und all das heilt, was es zu heilen gibt – und es fließt tief in dich hinein, kleidet bei dir als Frau auch Gebärmutter und Eierstöcke aus – und bei dir als Mann fließt es in die Hoden, in die Schwellkörper und überallhin – beobachte, was geschieht, während das Licht in seiner ganz eigenen Farbe in deine Geschlechtsteile fließt – spüre, wie es dir damit geht, wenn Heilung dorthin fließt und vielleicht Ruhe einkehrt, Gelassenheit, Frieden – und wie sich womöglich Lust und Leidenschaft ausbreiten – und all dies darf auf seine ganz eigene Art und Weise geschehen – während deine Aufmerksamkeit deine Beine entlang wandert und erkennt, wie sie hier ruhen – Beine, die dich schon so lange durch das Leben tragen – so kannst du deine Dankbarkeit für diesen Körper, der hier liegt, erkennen – es ist der Tempel deiner Seele, deine Seele hat sich nicht grundlos dieses Gefährt ausgesucht – dein wahres Wesen wollte genau so aussehen, wie du jetzt hier liegst – so erkennst du an, wer du bist, wie du aussiehst – bist dankbar dafür, so zu sein, und spürst, immer noch neben dir stehend, wie überquellend deine Liebe ist für den Körper, der da ruht – sodass du dich nun auch hinlegst und mit ihm verschmilzt, eins wirst – spüre, wie es sich anfühlt, eins zu sein mit diesem Körper, ganz zu sein mit ihm – und ob es Tagtraum,

Fiktion oder Realität ist, ist unwichtig, denn das, was du fühlst, ist real – denn das, was du wahrnimmst, ist deine Wahrheit – und in diesem Bewusstsein vernimmst du nun das Zwitschern der Vögel – zwitschern sie im Traum oder in der Realität? – immer lauter wird das Vogelkonzert, sodass du schließlich die Augen öffnest und dort unter dem Baum wieder zu dir kommst – dich vielleicht kurz schüttelst, nicht wissend, ob das, was du erlebt hast, Realität oder Fiktion war – sodass du gleich deine Hände auf deine Brust legst, den Herzschlag spürst und bemerkst, dass dein Herz sich irgendwie anders anfühlt – gefüllt, pulsierend, golden – und auch dein Schoß fühlt sich nun anders an, auch hier empfindest du plötzlich eine Veränderung – mit einem Lächeln auf den Lippen stehst du auf, dehnst und streckst dich dort unter dem Baum – und bist bereit, den zum Abend gewordenen Tag allmählich zu verabschieden – –
*** denn so langsam bricht die Dämmerung herein, sodass es dir ein Leichtes ist, auf deine Art und Weise wieder zurückzukommen zu deinem sicheren Ort – den Platz, an dem du deine Reise begonnen hast – dich dort bei all denen bedankst, die dich begleitet haben –

(Hinausführen)

Vom Schatten ins Licht

Hintergrund und Ziel dieser Meditation

Als menschliche Wesen streben wir ins Licht, doch ohne die Schatten in uns zu erkennen und zu integrieren, können wir nicht dorthin gelangen. Wenn wir unsere Schatten, unsere ungeliebten und oft auf andere projizierten Anteile, verdrängen, sodass wir diese in unserem Tagesbewusstsein nicht wahrnehmen müssen, bleibt uns ein wirklich bereicherndes, stimmiges und lebendiges Leben verwehrt, denn die Aspekte unseres Selbst, die wir ins Unterbewusste verbannt haben, sind nicht verschwunden. Sie arbeiten im Verborgenen weiter und lenken unser Verhalten und unsere Handlungen.

Bei dieser Meditation geht es darum, Schattenanteile ins Bewusstsein und somit ins Licht zu holen. Lasse dir bei den einzelnen Schattenaspekten immer wieder genügend Zeit, damit sie sich dir innerlich zeigen können.

Bei dieser Meditation sind die Tranceinduktion, der sichere Ort und auch das Hinausführen als Text schon vorhanden.

Dauer der Meditation: 20–25 Min.

Wenn du heute bereit bist, deinen Schatten zu begegnen, dann fühle dich ein in deine Position, in der du hier sitzt oder liegst – spüre, wie dein Körper sich anfühlt, wenn du in die Beobachterrolle wechselst – und du somit bemerken kannst, wo es möglicherweise zwickt und zwackt – und wo er ganz frei ist von irgendwelchen Belastungen – und auch deinen Atem kannst du in dieser Position beobachten – kannst wahrnehmen, wie er in dich hineinströmt – vielleicht ist er als leichte Kühle in der Nase spürbar – wie sich deine Bauchdecke hebt und wie sie zurücksinkt beim Ausatmen – wenn du magst, kannst du bei diesem Atmen, diesem ganz bewussten Atmen, auch leise, sanfte Töne von dir geben – einen Seufzer vielleicht – und mit diesem Seufzen alles abgeben, was jetzt nicht da zu sein braucht – tief einatmen und ausatmen und dabei spüren, wie dieses leichte Seufzen dich erleichtert – wie damit vieles einfach von dir abfällt – während die sanfte Musik im Hintergrund bewirkt, dass du mehr und mehr loslässt – und dabei immer tiefer bei dir ankommst – und auch, wenn da Gedanken sein mögen, an gestern vielleicht – oder an morgen womöglich – kannst du diese einfach ziehen lassen, vorbeiziehen lassen – so, wie die Wolken am Himmel vorbeiziehen – und wenn du magst, kannst du nun einfach so eine Wolke, die an dir vorbeizieht, anhalten – und kannst dich auf sie setzen – schaue einmal, ob es dir möglich ist, ein Wolkengefährt zu ergattern – dich von einer weichen, watteweichen Wolke tragen zu lassen – vielleicht schaukelt sie dich sanft – vielleicht sinkst du tief ein – fühlst dich geborgen und gebettet – sanft geschaukelt, weich umhüllt – oder auch ganz anders – wie immer auch deine Wahrnehmung ist auf diesem Wolkengefährt – lasse den Wind deinen

Motor sein – er bläst dich auf deiner watteweichen Wolke dahin – sodass du unter dir die Erde immer kleiner werden sehen kannst – die Bäume, die Häuser, die Wiesen – die Luft bemerken kannst, die sanft ist, zart, schmeichelnd und streichelnd – und du gibst dich hin, vertraust dich an, bist in Sicherheit auf deiner samtig weichen Wolke – und genießt diesen Wolkenflug – lasse dich von dem Wind in eine Landschaft tragen, die dir gefällt – und allein dein Wunsch genügt, und du bist dort – in einer wunderschönen Landschaft, die dich fasziniert – wo du dich genauso wohl und behaglich fühlst, wie auf deiner weichen Wolke – die dir nun erlaubt, abzusteigen – – *** auf deine Art und Weise kannst du diese Wolke einfach und leicht verlassen, um in dieser anderen Landschaft anzukommen – und dort, in dieser Landschaft, sind all diejenigen Wesen aus der geistigen Ebene versammelt, denen du dich verbunden fühlst – schaue hin, fühle, wer da ist, wer sich hier in dieser wunderbaren Landschaft mit dir trifft, um dich zu begleiten, wenn du deinen Schatten begegnest – ein innerliches Bitten um Anwesenheit genügt, und all diejenigen sind da, die du gern um dich haben möchtest – wen kannst du sehen oder auch fühlen? – von wem weißt du, dass dieser Engel, Erzengel oder Meister, dieses Krafttier, dieses Wesen aus der anderen Ebene da ist? – und genieße diese Gesellschaft – spüre, was es mit dir macht, die Anwesenheit dieser Energien wahrzunehmen – –

*** und dann bitte all diejenigen, die da sind, dich zu begleiten zu dem Schattenanteil, der heute von dir ins Licht geführt werden möchte – vielleicht kommt jetzt schon eine Ahnung in dir auf, oder du siehst ein Bild, hast ein Wissen darum, um was es sich handeln könnte – und alles darf sein, nichts braucht Bewertung, denn du bist alles, so, wie jeder alles beinhaltet, und alles darf nach und nach ins Licht – darf nach und nach ins Bewusstsein – in deiner Geschwindigkeit, so, wie es sich für dich gut anfühlt und es für dich stimmig ist – ja, und dann nimm all das, was du jetzt wahrnimmst, in deinen Herzensraum – all die Situationen, die du verdrängt hast – das Abgelehntwordensein zum Beispiel oder das Kleingehaltenwerden – all die Gefühle, die du missbilligst – sei es Neid, Eifersucht oder Wut – sei es lähmende Ohnmacht, lamentierendes Opferdrama oder selbstzerstörerischer Selbsthass – –

lasse jetzt alles da sein, was ins Licht drängt – sodass du all jenes, was sich als Schatten zeigt, in dein Herzenslicht geben kannst – –

jeden Aspekt, jede Situation, jede abgelehnte oder verdrängte Emotion – kannst du deinem Herzenslicht übergeben – und dann nimm wahr, was damit geschieht – –

sieh genau hin, was im Licht deines Herzens mit diesen Schattenaspekten geschieht – erlaube dir, alles wahrzunehmen, was wahrnehmbar ist, bis meine Stimme dich wieder erreicht – –

und wenn du nun meine Stimme wieder vernimmst, nimm all die Erkenntnisse aus deinen Wahrnehmungen mit, wenn dich deine weiche, watteweiche Wolke wieder aufnimmt – –

*** wenn du wieder auf deinem Gefährt sitzt und dich vom Wind zurücktragen lässt – dorthin zurück, wo deine Reise begonnen hat – sodass du in deiner Geschwindigkeit wieder hier ankommst deine Wahrnehmung und dein Bewusstsein aus deinem Herzensraum wieder nach Hause lenkst – wieder kräftig ein- und ausatmest – dich bewegst, dich dehnst und streckst – und wieder ganz da bist, im Hier und Jetzt.

Dialog mit deinem Herzen

Hintergrund und Ziel dieser Meditation

Das Herzkreislaufsystem ist das erste funktionsfähige System des Embryos. Seine Entwicklung beginnt schon in der dritten Schwangerschaftswoche. Unser Herz ist der Schlüssel für Vertrauen, Verzeihen und für die Liebe. Sind wir mit dem Herzen verbunden, können wir darauf vertrauen, dass auf unserem Lebensweg all das geschieht, was uns letztlich dient. Quantenphysiker haben festgestellt, dass die Frequenz des Herzens durchaus Veränderungen in der Form der Quantenfelder bewirken kann. Das bedeutet auch, dass unser Herz unser wichtigstes Organ für den Kontakt zu den höherfrequenten, geistigen Ebenen darstellt. Wenn wir beginnen, nach dem Herzen zu handeln und die Welt so zu sehen, wie unser Herz sie sieht, können wir bedingungslos lieben.

Da wir uns bei dieser Meditation wieder dem Herzen zuwenden, ist der Beginn am sicheren Ort nicht notwendig.

Dauer der Meditation: ca. 15 Min.
(abhängig von der gewählten Tranceinduktion)

(Wähle eine Tranceinduktion.)

*** während sich deine Aufmerksamkeit auf den Brustkorb richtet, der sich durch deine Atmung hebt und senkt – und dort, in deinem Brustkorb, befindet sich dein physisches Herz – lenke deine Aufmerksamkeit auf dieses Herz, und bemerke, wie es pocht – wie es in seinem ganz eigenen Rhythmus schlägt – wie es jetzt vielleicht langsamer schlägt als noch vorhin – und dieses Herz ist so lange schon für dich aktiv – schon kurz nach der Zeugung hat sich dein Herz gebildet und begonnen, zu schlagen – poch, poch, poch, seit so unendlich vielen Jahren – Tag und Nacht arbeitet es für dich, tagein, tagaus – hast du ihm jemals dafür gedankt? – wenn du magst, kannst du dies nun nachholen – bedanke dich bei deinem Herzen, dass es so unermüdlich für dich arbeitet – dich am Leben erhält – dir erlaubt, hier lebendig über die Erde zu wandeln – und dieses Herz schlägt nicht nur für dich – dieses Herz spricht auch mit dir, und auch dies tagein, tagaus – hörst du ihm zu? – verstehst du seine Sprache? – oftmals nehmen wir die Sprache des Herzens als ein Beben wahr, ein Ziehen, einen schnellen Schlag oder einen langsamen – denn unser Herz weiß ganz genau, wonach wir uns tief im Innersten sehnen – was wir uns wünschen, das weiß unser Verstand – doch durch unser Herz fließt unsere Sehnsucht – fließen unsere Träume, unsere Visionen, fließt unser Seelenplan – und so höre nun auf die Stimme deines Herzens – vielleicht hat es dich ja heute hierhergeführt – und wenn du jetzt eine Frage hast, dann stelle sie deinem Herzen, und achte auf die Antwort, die immer kommt – –

manchmal als Bild, manchmal als Idee, oft auch als fundiertes Wissen – bei einem JA wird dein Brustkorb sich weiten – bei einem NEIN wird es eng in dir werden – vertraue der Antwort deines Herzens – du kannst diesen Dialog verstärken, indem du deine Hand auf dein Herz legst und dadurch deine Achtsamkeit und Aufmerksamkeit in diesen Bereich lenkst – frage dein Herz, was jetzt wichtig ist für dich – oder was immer du jetzt wissen magst, bis meine Stimme dich wieder erreicht – –

und wenn du die Antwort vernommen hast, dann bewege sie in deinem Herzen – verbinde sie mit deinem Herzen – untersage deinem Verstand, sich einzumischen – verweise den Verstand auf den Platz, auf den er gehört – denn er ist dein Diener, du bist die Herrin, der Herr in deinem Haus – und wenn du im Dialog mit deinem Herzen bist, dann hat der Verstand erst einmal Pause – und im Wissen, dass du immer wieder in den Dialog mit deinem Herzen treten kannst, kannst du nun deine Aufmerksamkeit wieder von deinem Herzen abwenden – –

*** kannst auf deine Art und Weise wieder zurückkommen, um deine Reise zu beenden –

(Hinausführen)

Heilen, was heil werden will

Hintergrund und Ziel dieser Meditation

Bei dieser Heilreise arbeiten wir mit einer Intention, mit der Absicht, dass etwas heil, also ganz werden will. Heilung darf hier nicht gleichgesetzt werden mit Genesung, denn heil sein heißt nicht gesund sein. Es gibt gesunde Menschen, die sich sehr ›unheil‹ fühlen. Auch für kranke Menschen ist nicht immer die Krankheit das größte Unheil. Mancher Kranke leidet mehr an Einsamkeit oder an Zerwürfnissen in der Familie als an seiner Krankheit.

Nutze die Intention dieser Meditation, dass etwas heil werde, um Unheilvolles günstig zu beeinflussen, auch entgegen allen sonstigen Prognosen.

Dauer der Meditation: 15–20 Min.
(abhängig von der gewählten Tranceinduktion)

(Wähle eine Tranceinduktion.)

*** und so kannst du hineinsinken in die Welt deiner Bilder und Gefühle – um aufzutauchen an einem Ort, an dem du dich behaglich und wohlfühlst – ein Ort, der dir Schutz verspricht, wo du dich sicher, zu Hause fühlen kannst – und schaue dich dort um, nimm wahr, wo du gelandet bist – was kannst du alles sehen und hören? – Und wo immer du auch bist, spürst du, wie deine Grundstimmung ist – fühle, wie es dir geht, was diesen Ort zu deinem sicheren Ort macht   und egal, ob dies ein Platz in der Natur ist, bei dir zu Hause oder vielleicht in deinem Körper, du kannst wissen, dass dies dein Ort der Sicherheit ist – hier steht dir all das zur Verfügung, was du brauchst, um bei deinen inneren Reisen beschützt zu sein – und du kannst an diesem sicheren Ort all jene um Unterstützung bitten, die du jetzt bei dir haben möchtest – –

*** und wenn du dann bereit bist, deine Reise anzutreten, dann kannst du auf deine ganz eigene Art und Weise einen Weg finden, der dich dorthin führt, wo dein Urvertrauen wohnt – finde deinen Weg, deinen ganz eigenen Weg, der dich an diesen Ort führt – gehe ihn in deiner Geschwindigkeit, in deinem Rhythmus – auf deine Art und Weise gelangst du dorthin – an diesem Ort begegnest du etwas, von dem du weißt, dass dein Urvertrauen davon ausgeht – schaue genau hin, vielleicht zeigt sich dieses Vertrauen als Symbol, vielleicht als Gestalt – möglicherweise als Situation, fühlbar oder sichtbar – nimm jeden Impuls wahr, lasse alles geschehen – und wenn du dann in Begleitung des Urvertrauens deinen Weg weitergehst, weißt du, dass du jetzt einen Ort aufsuchen wirst, wo du all das entdecken kannst, was ebenfalls noch in die Heilung gelangen möchte – vertrauensvoll gehst du deinen Weg weiter – und dieser Weg kann gerade sein oder geschlängelt, kann leicht begehbar sein und vielleicht auch schwierig – gehe ihn so, wie es dir möglich ist, finde den Ort, wo all deine Sorgen wohnen – wo noch Beklemmungen sind und Nöte, wo du deine Ängste vermutest oder auch die Widerstände – wo du das wahrnimmst, was deine Seele belastet – wovon willst du heil werden? – welche Blockaden möchtest du lösen? – im Beisein des Urvertrauens kannst du dir all das anschauen, was transformiert werden möchte – und schaue genau hin, nimm jede Nuance wahr, jedes Detail – –

schaue dir alles an, sei ehrlich zu dir – wenn du magst, kannst du mit all dem, was du da wahrnimmst, auch reden – frage nach, weshalb dieser Mensch oder diese Situation, das, was du da wahrnimmst, dich ängstigt oder besorgt sein lässt – hole dir Antworten, indem du Fragen stellst – –

und wenn es dich zu sehr bedrückt, dann erinnere dich an das Urvertrauen, das bei dir ist – erinnere dich an die Helfer aus der Geistigen Welt – bitte um Unterstützung, und nimm wahr, auf welche Art und Weise dir geholfen wird – welchen Rat du erhältst, welchen Tipp – sammle all das ein, was du wahrnimmst, von dem du weißt, dass es in die Heilung kommen möchte – lade all das ein, zusammen mit dir in deinen Herzensraum zu kommen – in deinen heiligen Tempel, in dem auch dein Herzenslicht hell leuchtend brennt – dort, an diesem heiligen Ort, kannst du all das Belastende, Schmerzende, Unheile deinem Herzenslicht übergeben – und während das heilende Licht die Situationen, Menschen oder Gefühle transformiert, kann das Urvertrauen dorthin fließen, wo Platz geschaffen wurde durch diesen Vorgang – kann anstelle von Angst und Sorge Hoffnung und Zuversicht wachsen – kann Heilwerden entstehen und Ganzsein sich ausdehnen – genieße diesen Prozess, bevor du zurückkehrst an den Ort deiner Sicherheit – –

bringe all das mit zurück, was du erlebt, gesehen oder gefühlt hast – all das, was geheilt wurde – jede Situation oder jeden Menschen, jedes Wissen darum, was heil werden durfte – –

*** bringe es mit zurück an den sicheren Ort, dahin, wo du deine Reise begonnen hast – und dort, an deinem sicheren Ort, bedanke dich bei all jenen, die dich begleitet haben – bei all jenen, die dir geholfen haben – bedanke dich auf deine Art und Weise, und wisse, dass du jederzeit zu diesem Ort der Sicherheit zurückkommen kannst, wann immer du magst –

(Hinausführen)

MEDITATIONEN

in spirituelle

Dimensionen

Finde deinen spirituellen Begleiter

Hintergrund und Ziel dieser Heilmeditation

Viele Menschen glauben daran, eine Art spirituellen Begleiter an ihrer Seite zu haben. Sie spüren, vor allem in emotionalen Situationen, die Anwesenheit einer unsichtbaren Präsenz. Manche Menschen bekommen in solchen Lebenslagen ein plötzliches Kälte- oder Wärmegefühl oder eine Gänsehaut. Manchmal treibt es einem auch die Tränen in die Augen. In solchen Momenten, so die Annahme, befindet sich eine Wesenheit aus der feinstofflichen Welt bei uns. Solche Wesenheiten sind rein geistig, jedoch in unserer inneren Realität durchaus sicht- oder fühlbar. Es können sich Schutzengel zeigen oder Aufgestiegene Meister, auch Jesus oder Buddha. Ebenso sogenannte Ahnen-Guides, also die Spirits von längst verstorbenen Verwandten. Immer wieder stehen uns auch Krafttiere als Begleiter zur Verfügung. Letztlich müssen wir dem, was sich uns zeigt, kein Etikett aufkleben, wir müssen nicht wissen, um wen genau es sich handelt. Wir dürfen einfach in die Energie und Präsenz dieser geistigen Wesenheiten eintauchen und ihre Hilfe oder ihren Schutz spüren.

Während dieser Meditation hast du Gelegenheit, bewusst in Kontakt zu treten mit deinem spirituellen Begleiter. Es kann auch sein, dass sich dir mehrere Wesenheiten zeigen.

Dauer der Meditation: 15–20 Min.
(abhängig von der gewählten Tranceinduktion)

(Wähle eine Tranceinduktion.)

*** um anzukommen an deinem sicheren Ort – deinem Platz, von dem du weißt, dass du dort Kraft, Stärke und auch Hilfe finden kannst, sofern du darum bittest – Hilfe für deinen Weg zu deinem spirituellen Begleiter – –

*** und hier, an diesem sicheren Ort, kannst du ein ganz besonderes Gefährt vorfinden – einen wunderschönen, riesengroßen Kristall, der in allen Farben glitzert, sobald die Strahlen der Sonne auf seine geschliffenen Seiten fallen – es vermag dich auch wenig zu überraschen, dass dieses kristalline Gefährt eine Tür hat, die dich einzuladen scheint, sie zu öffnen, um einzusteigen – und auch, wenn du möglicherweise skeptisch bist, überwiegt doch die Neugierde – sodass du der unsichtbaren Aufforderung Folge leistest und einsteigst – und während du dies tust, kannst du auch schon bemerken, dass sich das Gefährt im Uhrzeigersinn dreht und dabei leicht vibriert – eventuell erinnert dich all dies an einen Raketenflug ins All oder auch an andere Situationen – doch irgendetwas in dir weiß, dass es richtig ist, sich auf das Abenteuer mit diesem Kristallgefährt einzulassen – denn du hast darum gebeten, deinen spirituellen Begleiter, deine spirituelle Begleiterin oder auch mehrere geistige Wesenheiten kennenzulernen – hast den Wunsch geäußert, zu erfahren, wer immer an deiner Seite ist und deine Geschicke mitlenkt, sofern du darum bittest – aus diesem Grund überlässt du dich all dem, was jetzt geschieht, während das Gefährt seine Rotation beschleunigt und abhebt – sanft schwebend, trotz der stetigen Umdrehungen, gleitet es dahin – und die kristalline Beschaffenheit erlaubt es dir, zu beobachten, was sich um dich herum verändert – wie die Landschaft wechselt – mal kleiner und manchmal größer wird – die Zeit gleitet ebenso dahin wie alles andere – und du scheinst dich in der Unendlichkeit zu verlieren – bevor du bemerken kannst, dass dein Gefährt mit einem kleinen Ruck zum Stillstand kommt – die Tür sich lautlos öffnet und du den Impuls verspürst, auszusteigen – schaue dich um, sieh, wo du gelandet bist – bemerke, was es alles wahrzunehmen gibt – es ist dir vielleicht möglich, schon jetzt – oder gleich, zu beobachten, dass eine Person auf dich zukommt – oft sind spirituelle Begleiter von gleißendem Licht umgeben – manchmal auch nur schemenhaft wahrzunehmen – doch meist ist ein besonderes Gefühl sofort erfassbar, wenn sie uns begegnen – und wenn du nun deinem Impuls folgst, wird dieser dir sagen, was es für dich zu tun oder zu lassen gibt – spüre, was dein Herz oder dein Bauch dir zu verstehen geben möchte – nimm dir all die Zeit, die notwendig ist, um dieses Treffen mit deinem spirituellen Begleiter für dich unvergesslich werden zu lassen – –

frage auch all das, was du gern wissen möchtest – nach dem Namen deines Begleiters vielleicht – oder deinem Seelenauftrag – halte mit nichts zurück, und lasse dich überraschen – spüre auch, wie es dir in Gegenwart deines Helfers geht – wie du dich selbst vielleicht anders wahrnehmen kannst – möglicherweise deine Körperwahrnehmung eine andere ist – oder dein Bewusstsein sich auszudehnen vermag – achte auf alles, was hier für dich wichtig ist, und lasse dir dafür Zeit, bis meine Stimme dich wieder erreicht – –

langsam wird es Zeit, den Kontakt zu deinem spirituellen Begleiter oder deiner Begleiterin zu beenden – in dem Wissen, dass er oder sie immer bei dir ist, ist es dir auch ein Leichtes, dich zu verabschieden – ein letzter tiefer Blick in liebevolle Augen – eine innige und herzliche Umarmung vielleicht, beenden dieses erste Treffen – doch du kannst sicher sein, dass, wann immer du darum bittest, der Kontakt fühlbar oder sichtbar für dich wird – sodass du im Vertrauen darauf leicht und beschwingt dein auf dich wartendes Gefährt besteigen und den Rückflug antreten kannst – und wieder verschmelzen Zeit und Raum in diesem rotierenden kristallinen Gefährt – während Erinnerungen an das Treffen deinen Gedankenraum durchfluten – und so ist es nicht verwunderlich, dass der kleine Ruck bei der Landung womöglich viel zu schnell zu verspüren ist – –

*** doch erfüllt und voller Vertrauen gelangst du schnell und einfach zurück an deinen sicheren Platz, von dem aus du deine Reise gestartet hast –

(Hinausführen)

Reise zur Regenbogensphäre

Hintergrund und Ziel dieser Meditation

Ob Kristalle, Steine, Pflanzen, Tiere oder Menschen – jedes Lebewesen ist einem Energiefeld – einer der zwölf sogenannten Seelensphären – zuzuordnen. Die Regenbogensphäre verkörpert die Traumwelten. Traum und Wirklichkeit verschmelzen in der Regenbogensphäre zur göttlichen Realität. In ihr wirken Energien der Erhabenheit und des Tierverständnisses und verbinden uns mit der Natur.

Bei dieser Meditation geht es darum, das eigene Herz zu heilen, die Herzensenergien anzuheben und belastende Gefühle im Herzen zu transformieren.

Dauer der Meditation: 20–25 Min.
(abhängig von der gewählten Tranceinduktion)

(Wähle eine Tranceinduktion.)

*** und so gelangst du zu deinem sicheren Ort, dem Platz, an dem du dich behütet und beschützt fühlst – und falls dich unsichtbare Helfer begleiten möchten, dann sind sie an deiner Seite und ihr gelangt auf einfache Art und Weise an einen Strand – –
*** am Ufer des Meeres im Sand sitzend, versinkst du in der Betrachtung eines wundervollen Sonnenunterganges – das Geräusch der Brandung genießend, fühlst du dich leicht, friedvoll und gleichzeitig total geerdet und angekommen – neben dir im Sand glitzert eine Prismakugel – gegen das Sonnenlicht gehalten, strahlt sie dir

rot, orange und weiß entgegen – intensivste Farben, wie Laserlicht, auch Silber und Gold strahlen dich an – etwas in dir weiß, dass du die Kugel vergrößern und in sie hineinschlüpfen kannst – dass du dich dort in der Kugel geschützt und geborgen fühlst – verschiedenste Farben und helles, kristallines Licht umhüllen dich – wie von Geisterhand fühlst du dich angehoben und schwebst im Licht – da aus deinen Füßen nun Wurzeln wachsen, bist du gleichzeitig verbunden mit der Erde – lasse diese Wurzeln bis zum Mittelpunkt der Erde wachsen – sodass du mit ihr verbunden bist, sie aber trotzdem verlassen kannst – und so fliegst du in deiner Prismakugel durch die Galaxie – und auch, wenn es dort dunkel ist, schwebst du dennoch im Licht – es ist durchaus möglich, dass vor dir ein unbekannter, farbenfroher Planet auftaucht – er zeigt sich dir in leuchtend bunten und intensiven Farben – vielleicht hast du bisher noch nicht gewusst, dass es so etwas wie eine Regenbogensphäre gibt – doch wenn du erst einmal die spielenden Kinder bemerkst, die hinter Schmetterlingen herjagen, kannst du erkennen, dass du hier auf einem besonderen Planeten gelandet bist – den Kindern beim Spiel zusehend, kannst du die Leichtigkeit, die Freude und die Farben genießen – sanft und zart berührt dich die Energie dieses Planeten – sie erhebt dich, und es wiegt dich die Zartheit der Liebe, die hier spürbar wird – wie ein Streicheln umhüllt und umweht dich die paradiesische Energie, sodass du auftanken kannst, wie im Schlaf – je mehr du entrückst, desto mehr bist du gleichzeitig auch im Hier und Jetzt – märchenhaft und doch real, ein Hinübergleiten in die Traumwelt und immer auch ein Verbundensein mit dem Hier und Jetzt – beides zugleich – je eher du bemerkst, wie dein Herz sich bewegt und sich ausdehnt – desto leichter erneuern sich all deine Zellen, beleben sich sanft – schaukelnd, so, wie ein Blatt im Wind tanzt – und es ist durchaus möglich, dass Blumen gleichzeitig feine Düfte verbreiten, die du wahrnimmst – während Frieden und Ruhe in dir einkehren – es wird ganz friedlich, ganz ruhig, denn alles ist gut, alles ist wohltuend – und früher oder später wirst du erkennen, dass das Leben ein Spiel ist und immer zum Ziel führt – denn in dieser Regenbogensphäre begreifst du, dass feinste Essenzen zu Tautropfen des Himmels werden – Tautropfen, die möglicherweise den Regenbogen bilden, der sich wie eine Brücke übers Firmament spannt – je länger du diesen anschaust, desto eher kannst du auf der anderen Seite des Regenbogens ein Schloss erkennen, das schon aus der Entfernung glänzt und glitzert – solltest du dich davon angezogen fühlen, kommen viele bunte Schmetterlinge geflogen, die dich hinüberbegleiten und vor einem Tor ankommen lassen – wenn du anklopfen magst, kann dies allein schon bewirken, dass sich das Tor öffnet und du dich eingeladen fühlst, einzutreten – auch wenn es dir märchenhaft erscheint, ist es doch ganz real – und vielleicht wirst du auch die helle Gestalt wahrnehmen, die dir entgegenkommt und nicht wirklich menschlich erscheint – transparent, blendend und energetisch schwingend stellt sie sich dir dar – und du darfst einfach fragen, wer sich dir hier zeigt – vertraue auf die Antwort, die du in deinem Herzen verstehen kannst, während du die Worte hörst: »ich erkenne dich, ich sehe dich, ich sehe dein Herz« – und während dieses Wesen seine Hand auf dein Herz legt, ist es durchaus möglich, dass seine Worte bewirken, dass sich dein Herz voller Vertrauen weit öffnet – Licht strömt aus seiner Hand in deine Brust, sodass sich alles in dir weitet – dass du wächst und strahlst und voller Freude dein Sein erlebst – das kristallinschimmernde Wesen spricht weiter: »mein geliebtes Kind, ich bin stolz auf dich, du bist so wertvoll, du bist mein Diamant« – wärst du sehr erstaunt, wenn dein Herz selbst sich in einen Diamanten verwandeln würde? – wunderschön und glasklar, ein diamantenes Herz – in dem tiefe Liebe bedingungslos fließt, wie ein Ozean so tief – das lichtvolle Wesen hat dir den Zauber der himmlischen Liebe geschenkt – dich eingehüllt in Hingabe und Glück – und vielleicht nimmst du gerade wahr, dass sich Gefühle von Einsamkeit, Ohnmacht oder Angst in dieser reinen Himmelsliebe auflösen – sie schwinden wie Nebel in der Sonne – wie Kälte im Feuer – wie Blätter im Wind – dankbar erkennst du, dass hier, in dieser Regenbogensphäre, auf diesem anderen Planeten, Mächte wirken, die so kraftvoll und wohltuend sind, dass alles Leid schwindet – dass aller Kummer und jede Sorge sich auflöst – vielleicht magst du diesem lichtvollen Wesen Danke sagen – danke für all die Erfahrungen, die du machen durftest – danke auch für das Wissen darum, dass du jederzeit in die Regenbogensphäre zurückkommen kannst, wenn du diese himmlische und bedingungslose Liebe wieder erfahren möchtest – –

denn jetzt wird es Zeit, wieder zurückzukommen – und wer weiß schon genau, auf welchem Weg du zurückkommst – eventuell benutzt du wieder die Prismakugel für den Rückweg zur Erde – doch vielleicht genügt auch einfach ein Gedanke an den Strand, und du bist wieder dort – –

*** und von hier aus fällt es dir leicht, deinen Weg zu deinem sicheren Ort zu finden, um dort ebenfalls Danke zu sagen für die Begleitung, die du eventuell hattest –

(Hinausführen)

Kontakt zu deinem Höheren Selbst und zu Mutter Erde

Hintergrund und Ziel dieser Meditation

Eine uralte spirituelle Wahrheit besagt, dass wir geistige Wesen sind, die hier auf Erden sind, um menschliche Erfahrungen zu machen. Der geistige Teil unseres Selbst, der nicht hier auf Erden inkarniert ist, ist auch nicht an all die irdischen Gegebenheiten gebunden, sondern frei, erfüllt, ungebunden und unendlich. Durch dieses Höhere Selbst, das jenseits der Grenzen unserer physischen Welt liegt und mit unserem Verstand nicht begriffen werden kann, sind wir mit der universellen Quelle, mit Gott, mit dem All-eins-Sein – nenne es, wie du es magst – verbunden.

Da ich persönlich an das Konzept der Reinkarnation, der Wiedergeburt, glaube, findet auch dieser Ansatz seine Anwendung in der Meditation. Sollte dies für dich nicht stimmig sein, so lasse den Sinn der Worte einfach an dir vorbeiziehen.

Auch diese Meditation startet wieder im Herzensraum, sodass wir auf den sicheren Ort verzichten können.

Dauer der Meditation: ca. 20 Min.
(abhängig von der gewählten Tranceinduktion)

(Wähle eine Tranceinduktion.)

*** und wenn du dann deine Aufmerksamkeit in deinen Brustkorb lenkst, zu deinem Herzensraum – kann sich dir dieser wieder ganz leicht darstellen – sichtbar vielleicht oder fühlbar, oder du weißt einfach, dass er da ist – dann öffne die Türen zu deinem Herzenstempel ganz weit – lasse Licht hineinfließen und Wärme, Helligkeit und Weite – und sei nun selbst dort in deinem Herzensraum – schaue dich wieder um nach deinem Herzenslicht, das durch die Silberschnur verbunden ist mit deinem Höheren Selbst – möglicherweise gelingt es dir, diese Silberschnur zu sehen – und vom Licht aus reicht sie nach oben zu deinem Kronenchakra, das du einfach öffnen kannst wie eine Blüte – sodass du deiner silbernen

Schnur folgen kannst, die hinaufstrebt ins Universum – hoch hinauf, bis in die Geistige Welt hinauf, dorthin, wo dein Höheres Selbst seine Heimat hat – und von wo du immer gelenkt und geschützt wirst – und wenn du nun mit deinem Bewusstsein dort hinaufgelangst, ist es dir vielleicht möglich, Kontakt aufzunehmen mit deinem Höheren Selbst – sieh dich genau um, ganz viele Menschen können das Höhere Selbst als Lichtwesen wahrnehmen, als Energiewesen – schaue hin, fühle – wie nimmst du dein Höheres Selbst wahr? – tritt in Kontakt mit ihm, schaut euch in die Augen – dies ist deine Höhere Seele, der Anteil von dir, der nicht mit auf Erden inkarniert ist – der Anteil, der immer in der geistigen Dimension über dich wacht – der von jedem deiner Schritte weiß – der Anteil, der deinen Seelenplan für dieses Erdenleben kennt – der Aspekt von dir, den es schon immer gab, der alle deine bisherigen Leben kennt und auch jene, die noch vor dir liegen – und wenn du jetzt und hier eine Frage hast, kannst du diese nun deinem Höheren Selbst stellen – achte darauf, wie die Antwort zu dir kommt, hörbar vielleicht oder fühlbar, sichtbar oder als Symbol – vertraue deiner Intuition, vertraue darauf, dass es sich wirklich um eine Antwort

handelt – solltest du die Antwort nicht in ihrer vollen Tiefe verstanden haben, dann frage nach – bitte darum, dass sie dir verdeutlicht wird – –

dann bedanke dich, bedanke dich für den Kontakt und für die Antwort – und lenke deine Aufmerksamkeit nun zurück nach unten – an der Silberschnur zurück nach unten in deinen Herzensraum – in dem Bewusstsein, dass du immer verbunden bist mit der geistigen Ebene – und dass du dein Bewusstsein über diese Silberschnur immer nach oben lenken kannst – und dann gehe mit deiner Aufmerksamkeit nach unten – öffne bewusst mit deinem nächsten Atemzug dein Wurzelchakra – auch dieses kann sich öffnen wie eine Blüte – und dann lenke deine Aufmerksamkeit in deine Lichtwurzeln hinein – die vom Wurzelchakra aus nach unten wachsen in den Boden – Lichtwurzeln, die sich kraftvoll durch alle Erdschichten bohren – tief hinunterwachsen, einfach indem du es beschließt – und so können deine Wurzeln in Sekundenschnelle zum Mittelpunkt der Erde gelangen – um im Thronsaal von Mutter Erde in ihr Herz zu wachsen – und so kannst du zuschauen oder fühlen, wie deine Wurzeln mit dem Herzen von Mutter Erde verschmelzen – sodass du verwurzelt bist mit ihr und sie dir Energie nach oben in deinen Herzensraum schicken kann – vielleicht hat auch Mutter Erde eine Botschaft für dich und Informationen, die wichtig sind – und du kannst auch ihr einfach eine Frage stellen – lasse dich überraschen, wie Mutter Erde dir antwortet – auf ihre ganz eigene Art und Weise gibt sie dir ihre Antwort auf deine Frage – und wenn du diese Antwort vernommen hast, kannst du dein Bewusstsein wieder zurücknehmen in deinen Herzensraum – und dort danken für all das, was du mit zurückbringen darfst – –
*** zurück ins Hier und Jetzt –

(Hinausführen)

Vaterunser-Meditation

(nach Arnold Bittlinger)[4]

Hintergrund und Ziel dieser Meditation

Diese Meditation bietet dir die Möglichkeit, deine Energiezentren bzw. Chakras kennenzulernen, sie zu öffnen und mit dem Fluss der Farben zu aktivieren. Gleichzeitig tauchst du in den Grundtext der westlichen Spiritualität ein: das Vaterunser, dem bekanntesten Gebet des Christentums. Alle Christen auf der Welt kennen die Worte, die Jesus vor 2000 Jahren seinen Jüngern in der Bergpredigt lehrte und die im Neuen Testament überliefert sind. Das Vaterunser umfasst alles, worum wir Gott bitten können. Mithilfe dieses Gebets können wir gleichzeitig loslassen und das ausdrücken, was uns in der Tiefe bewegt. Wir können alle Last bei Gott/Göttin/Allem, was ist, abladen und so befreit auch anderen vergeben.

Du findest hier alternative Formulierungen für das ursprüngliche Gebet, die jedoch das ausdrücken, was in den kurzen Sätzen des Vaterunsers aus meiner Sicht gemeint ist. Das Amen in dieser Meditation eröffnet ein Gespräch mit Gott/Göttin/Allem, was ist, genauso wie es ein Gespräch beschließen kann.

---

4 Arnold Bittlinger: Das Vaterunser – erlebt im Licht von Tiefenpsychologie und Chakrenmeditation, Metanoia-Verlag, Dietikon, Schweiz.

Dauer der Meditation: 25–30 Min.

Und wieder einmal machst du es dir ganz bequem – suchst dir die Position, die sich für dich gut anfühlt – rückst dich so zurecht, dass du wissen kannst, dass du dich gleich nicht mehr bewegen musst – sodass du deine Augen schließen kannst, in dem Bewusstsein, sicher und getragen auf der Unterlage zu liegen – auch wenn Geräusche hier in diesem Raum oder von außen dazu beitragen, dich tiefer und tiefer zu führen – kannst du dich wieder entscheiden, auf welche Art du heute am schnellsten loslassen möchtest – denn du hast die Wahl, meiner Stimme zu folgen – der Musik zu lauschen – oder deine Gedanken zu beobachten – jeder Mensch hat seinen eigenen Weg, in die Entspannung zu finden – und während du allmählich tiefer in deine Entspannung gehst – beobachte eine Zeit lang deinen Atem – wie er kommt und geht – lasse es zu, dass dieses Kommen und Gehen von allein geschieht – dass es dich atmen kann – während du dir erlaubst, deine Gedanken zu beobachten – die, genau wie dein Atem, einfach von selbst kommen und gehen – so, wie Wolken am Himmel dahinziehen – und genau wie die Wolken kannst du auch einfach deine Gedanken ziehenlassen – und dabei bemerken, wie dein Körper ruhiger wird – und du dich treiben lassen kannst – so, wie die weißen Wolken, die von irgendwoher kommen und irgendwohin ziehen – und es ist gleichgültig wohin – denn deine Gedanken werden gleichgültig, unwichtig – und es wird auch immer weniger wichtig, wie diese Wolken dahinziehen – und ob es große oder kleine sind – ob sie schnell oder langsam ziehen – denn dieses Kommen und Gehen macht dich ruhiger und entspannter – ein angenehmes Gefühl – einfach daliegen zu können, sich auszuruhen und die Wolken zu beobachten – die ihre Form und ihre Farbe immer wieder wechseln – mal mehr, mal weniger werden – so, wie dein Körper sich mal mehr, mal weniger leicht oder schwer anfühlt – und du dir erlauben kannst, deine Entspannung immer mehr zu genießen – dir einfach diese Momente angenehmer Ruhe zu gönnen – und zuzulassen, dass dein Körper schläft, sich ausruht, während dein Geist hellwach bleibt und meiner Stimme folgt – –

*** die dich nun an deinen sicheren Platz leitet – den Platz, an dem du dich wohlfühlst – an dem du Kraft schöpfst – wo du ganz du selbst sein kannst – sodass du dich wohl-, sicher und geborgen fühlen kannst – geborgen an diesem Ort, der dir alles gibt, was du brauchst – –

*** sodass du ihn dann langsam verlassen und dich auf den Weg machen kannst – auf den Weg zu einer großen, wunderschönen Lichtung mitten im Wald – einer Lichtung, die in der Sonne leuchtet – und die erfüllt ist mit Vogelgezwitscher und frischem Tannenduft – und während du die Strahlen der Sonne mit ihrer Wärme und Sanftheit auf deiner Haut fühlst – und den sanften Wind in deinen Haaren spürst – kannst du wahrnehmen, welche Vielfalt diese Lichtung schmückt – sattgrünes Moos wechselt sich ab mit jungen Gräsern, und hin und wieder finden sich Tannenzapfen eingebettet in dieses Grün – selbst Blumen haben hier ihre Heimat und werden von bunten Schmetterlingen besucht – –

diese Idylle lädt dich ein, hier zu verweilen – das weiche Moos bietet sich als Bett geradezu an – und so ist es nicht verwunderlich, dass du hier auf dieser Lichtung, ausgestreckt im weichen Moos, Erfahrungen machen kannst, die dich bereichern werden – denn du lebst hier in dieser Welt – jetzt in diesem Augenblick – hier auf dieser Erde – und du weißt, sie ist deine Mutter – spürst, dass sie dich trägt – weißt, dass du am rechten Platz und fest in der Erde verwurzelt bist –

(Stelle dir hier vor, dass sich dein Wurzelchakra wie eine Blüte öffnet und rote Farbe einströmt. Höre dabei das Wort AMEN.)

du weißt auch, dass du in einer geteilten Welt lebst – denn sie unterscheidet zwischen Ost und West – zwischen Nord und Süd – zwischen Schwarz und Weiß – zwischen Mann und Frau – zwischen Gut und Schlecht – und womöglich sehnst du dich nach der Erlösung aus dieser Geteiltheit – vielleicht sehnst du dich nach Ganzheit –

(Stelle dir hier vor, dass sich dein Sakralchakra wie eine Blüte öffnet und orangerote Farbe einströmt. Bitte dabei: »Erlöse mich von allem, was mir schadet.«)

sodass du deinen Geist zu öffnen vermagst – um Ja zu sagen zu Veränderungen, zu Abweichungen oder Erneuerungen – und dabei die rechte Mitte zu finden – um loszulassen von Altem, Überholtem, damit Neues entstehen kann –

(Stelle dir hier vor, dass sich dein Nabelchakra wie eine Blüte öffnet und gelbe Farbe einströmt. Bitte dabei: »Gib mir Kraft für positive Veränderungen.«)

und während du nun Situationen erleben kannst, bei denen du an Altem festgehalten und Erneuerungen abgelehnt hast – Situationen, in denen du vielleicht sogar das Ziel deines Lebens verfehlt hast – wo du negativen Versuchungen erlegen bist – und dir selbst

untreu wurdest – wo du Nein gesagt hast zu den Impulsen deines wahren Selbst – kannst du diese Zielverfehlungen zum Kreuz Christi bringen – denn dieses gleichschenklige Kreuz ist ein Symbol der Ganzheit – im Kreuz sind das Ja und das Nein zu einem Ganzen geworden – im Kreuz sind alle Verfehlungen aufgehoben – deine eigenen und die deiner Mitmenschen –

(Stelle dir hier vor, dass sich dein Herzchakra wie eine Blüte öffnet und grüne Farbe einströmt. Bitte dabei: »Ich vergebe mir und anderen.«)

hier kannst du sicher sein, denn du und alle anderen leben vom irdischen Brot – du bist dadurch verbunden mit unserer Mutter Erde – und mit all ihren Kindern – alles irdische Brot ist Abbild des himmlischen Brotes – das dein wahres Selbst ist – und dein inneres Selbst ernährt – sodass du deine Kreativität leben kannst –

(Stelle dir hier vor, dass sich dein Halschakra wie eine Blüte öffnet und hellblaue Farbe einströmt. Bitte dabei: »Unser tägliches Brot gib uns heute.«)

denn dein Blick ist immer wieder gefangen von der sichtbaren Wirklichkeit – du kannst jedoch wissen, dass das Eigentliche für die äußeren Augen unsichtbar ist – und deshalb dein inneres Auge öffnen – um den Willen Gottes zu erkennen – und in sein Reich zu schauen –

(Stelle dir hier vor, dass sich dein Stirnchakra wie eine Blüte öffnet und indigoblaue Farbe einströmt. Bitte dabei: »Dein Wille geschehe, wie im Himmel so auf Erden – dein Reich komme.«)

denn in Gott ist alles enthalten – die Erde und der Himmel – die Mutter und der Vater – das Weibliche und das Männliche – das Schlechte und das Gute – und indem du mit dem Göttlichen verbunden bist, hast du Anteil an deiner Ganzheit – so wird sein Name geheiligt –

(Stelle dir hier vor, dass sich dein Kronenchakra wie eine Blüte öffnet und violette Farbe einströmt. Bete dabei: »Geheiligt werde dein Name, unser Vater im Himmel, Göttin und alles, was ist.«)

mit diesem Gebet in deinem Inneren ist es dir möglich, wieder zurück auf deine Lichtung zu kommen – die Blumen und Gräser um dich herum wahrzunehmen – die in Harmonie nebeneinander stehen – die in sich auch ganz und heil sind – und während du diese Blumen und Gräser betrachtest, fühlst auch du in dir das Ganzsein, das Heilsein aus allen Zeiten deines Lebens – und du weißt, dass all das zu dir gehört – jetzt und für immer – dieses Wissen bewirkt, dass du voller Freude bist – und sich Leichtigkeit und Vertrauen in dir ausbreiten können – –

mit diesen Gefühlen in dir fällt es dir leicht, dich von den Blumen und der lichtdurchfluteten Lichtung zu verabschieden – und in dem Wissen, dass du jederzeit wieder dorthin gehen kannst – –

*** begibst du dich auf den Weg zurück – auf deine eigene Art und Weise – vorbei an deinem sicheren Ort – –

*** um zurückzukommen, zurück ins Hier und Jetzt – in die physische Realität, in der du deine Gedanken wieder wie Wolken dahinziehen siehst – Wolken, die mit jedem Einatmen mehr werden – und mit jedem Ausatmen schneller ziehen – und jeder weitere Atemzug bringt dich mehr und mehr an die Oberfläche des Seins – wo die Wolken ihre Form und Farbe immer wieder verändern – und mit jedem Atemzug kannst du bemerken, dass frische Kraft in deinen Körper strömt – kannst dich recken und strecken – dich rekeln und dehnen auf der Unterlage – und zurückkommen, ganz zurück ins Hier und Jetzt – –

und wenn du dich bereit fühlst, öffne sanft die Augen, und erlebe dich hier in diesem Raum wieder ganz wach.

Finde deinen kosmischen Namen

Hintergrund und Ziel dieser Meditation

In den verschiedenen Religionen gibt es auch verschiedene kosmische Namen Gottes. Jede Weltreligion nennt Gott anders. So heißt Gott im Judentum »Jahwe« oder »Jehova«, in Indien »Brahman«, »Sarva« oder »Atman«. Die Moslems sprechen von »Allah«.

Als kosmischen Namen bezeichnet man einen Ursprungsnamen. Dieser enthält alle Urinformationen und ist wie eine Erkennungsmarke des eigenen Lichtes, das wir sind. Er dient quasi als genetischer Fingerabdruck, als Prägung unserer Seele. Und so trägt jede Seele einen göttlichen Namen in sich, der die Energie ihrer Wahrhaftigkeit und ihren Ursprung symbolisiert: den kosmischen Namen. Dieser Name bezeichnet unseren göttlichen Anteil in der nächsthöheren Dimension und ist direkt mit Gott/Göttin/Allem, was ist, verbunden. Er unterstützt uns auf dem Weg zu unserem wahrhaften Sein auf Erden. Er trägt die Energien unseres Potenzials und unserer Fähigkeiten in sich und auch die Aufgabe, wegen der wir ursprünglich auf die Erde gekommen sind.

Da diese Meditation wieder im Herzensraum beginnt, können wir abermals auf den sicheren Ort verzichten.

Dauer der Meditation: ca. 20 Min.
(abhängig von der gewählten Tranceinduktion)

(Wähle eine Tranceinduktion.)

*** beginne deine Reise heute wieder im Raum deines Herzens – an deinem heiligsten Ort – dem Ort, der dir sehr vertraut ist und an dem du dich geborgen und sicher fühlst – und wenn du von hier aus wieder senkrecht atmest, dich hoch und tief atmest – kannst du dich angebunden und verwurzelt fühlen – und die Energien aus der Quelle von oben und aus dem Herzen von Mutter Erde empfangen – –

*** die goldene Energie der göttlichen Quelle kann ihren Weg in dein Herz finden und vermag überzuströmen wie ein goldener Fluss – dein kosmischer Lebensfluss – wie wäre es für dich, wenn dieser kosmische Lebensfluss sich mit dem Strom deines jetzigen Lebens vereinte? – und sich zu einem gemeinsamen Strom potenzierte – durch die Kraft deiner Liebesfähigkeit zu einem Strom, der sich in den großen Ozean der Liebe aller kosmischer Lebensströme ergießen kann? – wärst du sehr erstaunt, wenn Delfine die Ankunft deiner Liebe im unendlichen Meer des Lebens feierten? – und wenn Wellen der Liebe in Windeseile überall dorthin getragen würden, wo sie gebraucht werden? – und so kann es dir auch möglich sein, bei jedem Wellenschlag die Liebe in deinem Herzen zu spüren – diese Liebe ist so anziehend, dass sich ein fröhlich schnatternder Delfin davon angezogen fühlt und dich freudig begrüßt – und indem dies geschieht, kann dir bewusst werden, dass ihr alte Bekannte aus früheren Zeiten seid – dein tierischer Freund lädt dich ein, mit ihm in die Tiefe des Ozeans einzutauchen – denn das ist der

Weg, deinen kosmischen Namen zu erfahren – tief taucht ihr hinunter in die tiefblauen Fluten – und früher oder später kommt ihr am Grund des Ozeans an einem hell strahlenden Lichttempel an – einfach und leicht ist es euch möglich, durch ein von Blumen umranktes Tor zu schwimmen, auf dem das Wort »Namensbibliothek« zu lesen ist – während du bemerkst, dass der Delfin dich nun allein weiterziehen lässt – kannst du spüren, dass du plötzlich festen Boden unter den Füßen hast – wie magisch zieht es dich in einen Raum, der einen Altar beherbergt – schon von Weitem kannst du bemerken, dass dort ein dickes Buch aufgeschlagen für dich bereitliegt – alles in dir weiß, dass du in dem Buch, das dort liegt, deinen kosmischen Namen erfahren wirst – dieser leuchtet dir schon von Weitem in goldenen Buchstaben entgegen – die Wahrheit dieses Namens in deinem Herzen fühlend, wird es dir möglich, das Klingen deines Herzens zu erleben – und die hohe Schwingungsenergie deines Herzchakras zu spüren – sodass du dich immer mehr und mehr in diese neue Herzenergie einfühlen kannst – vielleicht

möchtest du das Buch in die Hände nehmen – jetzt – und während du es aufschlägst und liest, kann dir bewusst werden, wer du auf der Seelenebene bist – was dein Auftrag ist und weshalb du gerade jetzt wieder auf der Erde inkarniert bist – was geschieht, wenn du alle dich betreffenden Antworten in diesem Buch findest? – nimm dir jetzt alle Zeit, die du brauchst, um deine Fragen zu formulieren und in dem Buch die Antworten zu lesen, bis meine Stimme dich wieder erreicht – –

und wenn du mich jetzt wieder hörst, ist es gleichzeitig schön, zu wissen, dass du jederzeit in den Tempel der Namensbibliothek gehen kannst, um in diesem Buch zu lesen – wenn du erst einmal begriffen hast, dass dein kosmischer Name von nun an ein wichtiger Schlüssel zu allem Wissen ist, dann wirst du dich automatisch erinnern – während du dich mit deinem Namen beschäftigt hast, hat dein Freund, der Delfin, auf dich gewartet, um dich wieder sicher an die Wasseroberfläche zu bringen – vielleicht hast du noch nicht daran gedacht, dass das Licht der Sonne dich umfängt, wenn du oben ankommst – und bewirkt, dass dir bewusst wird, was du gerade erlebt hast – die Erinnerung daran mitnehmend, gelangt ihr beide, du und dein Freund, der Delfin, an den Strand des Meeres – von dort aus ist es ein Leichtes für dich, zurückzukommen in deinen Herzenstempel, von dem aus du deine Reise gestartet hast – noch immer fließen dort die goldene Energie der göttlichen Quelle und die Energie von Mutter Erde – –

*** sodass du mit deinem nächsten Atemzug deine Dankbarkeit dafür hoch und tief senden kannst –

(Hinausführen)

Die kosmische Hochzeit

Hintergrund und Ziel dieser Meditation

Die kosmische Hochzeit ist die HOCH-ZEIT und der höchste Ausdruck der Vereinigung deiner männlichen und weiblichen Seite. Es ist die wahre Einheit, das wahre Ganze. Das Männliche bedeutet der Geist, der höchste Spirit, der zeitlos, raumlos, formlos währt. Das Weibliche steht für die Seele, das Erdige, Irdische, Materielle, das unsere sichtbare Welt darstellt. Die männliche Energie ist der Impuls, die Idee. Die weibliche Energie ist erschaffend, sie bringt die Idee in die Manifestation. Das Innere Kind ist unsere Unvoreingenommenheit, unser Vertrauen, unsere Unbefangenheit, Vorbehaltlosigkeit, die Freude, das lebendig Erlebende, das Spielende. Das ist sein Urzustand, der wahre Zustand unserer Seele. Wenn wir diese Einheit von männlich/weiblich/kindlich erkennen, erkennen wir auch, dass wir göttlichen Ursprungs sind. Vor unserer Inkarnation auf Erden weilten wir ununterbrochen in diesem kosmischen Bewusstsein, in dieser wunderbaren Verbindung mit Gott.

Bei dieser Meditation geht es darum, die einzelnen Aspekte in uns wieder zu vereinen und in das All-eins-Sein zu bringen. Dann können wir wieder unser volles Potenzial leben. Mit einem Inneren Kind, das von der Inneren Frau genährt und geschützt wird und vom Inneren Mann die Richtung gewiesen bekommt und Klarheit erhält.

Dauer der Meditation: 25–30 Min.
(abhängig von der gewählten Tranceinduktion)

(Wähle eine Tranceinduktion.)

*** und du startest deine Reise an deinem sicheren Ort, dem Platz, den du schon so gut kennst – und wenn dich von dort aus unsichtbare Helfer begleiten möchten, dann sind sie an deiner Seite, und ihr gelangt – –

*** gemeinsam auf einfache Art und Weise auf eine Wiese, auf eine bunte Sommerwiese – schaue dich dort um – sieh die Blumen und die Gräser, vielleicht gibt es dort auch Bäume – fühle die Wärme auf deiner Haut, die die Sonne hinterlässt – und höre das Summen und Brummen der Bienen und der anderen Insekten – vielleicht siehst du auch Schmetterlinge und Vögel am Himmel – und auf dieser Wiese stehend, kannst du in der Ferne etwas wahrnehmen, was dich magisch anzieht – denn dort vorn steht eine Himmelsleiter – und diese Himmelsleiter hat ihren Anfang hier auf Erden und ihr Ende im Kosmos – diese Leiter steht in deiner Wahrnehmung weit von dir entfernt, sodass du nun in deiner ganz eigenen Geschwindigkeit zu ihr hinübergehst – begleitet wirst du vielleicht von dem ein oder anderen Tier oder von Wesen aus der geistigen Ebene, die du hinzugebeten hast – und du weißt, wenn du diese Himmelsleiter nach oben steigst, wirst du am Ende der Leiter auf der linken Seite deine Innere Frau und auf der rechten Seite deinen Inneren Mann wahrnehmen – und ich weiß nicht, wie hoch deine Leiter ist, die du jetzt zu besteigen beginnst – und ich frage mich, wie du es machst, dass du Stufe um Stufe nach oben gelangst – in Sicherheit nach oben steigst – selbst wenn du früher vielleicht unter Höhenangst gelitten hast, ist es dir nun möglich, diese Leiter in vollkommener Sicherheit zu besteigen – und so nimmst du Stufe um Stufe und gelangst höher und höher hinauf – und möglicherweise wird jetzt schon, wenn du nach unten schaust, alles kleiner und kleiner – immer noch kletterst du höher und höher – manchmal klettern auch die Inneren Kinder mit, oft hinterher, oder auch vorweg – schaue doch einmal, ob auch dein Inneres Kind dabei ist, diese Leiter hochzuklettern – und vielleicht braucht es deine Hilfe – will gestützt werden oder huckepack genommen – schaue hin, welche Unterstützung dein Inneres Kind von dir braucht, damit es diese Himmelsleiter auch erklimmen kann – und sollte es jetzt nicht bei dir sein, wirst du es oben treffen, denn dann wartet es schon oben auf dich – lasse dich überraschen, wie es bei dir ist, und akzeptiere, wie es sich darstellt – und noch immer geht es höher und höher hinauf – der Himmel ist klar, und obwohl du schon so weit oben bist, ist es immer noch warm, warum auch immer – auch wenn dein Verstand meint, hier müsse es doch kalt sein, ist es trotzdem warm, herrscht eine Temperatur, die dir angenehm ist – und so gelangst du in deiner Geschwindigkeit am Ende der Leiter an – nimmst die letzte Sprosse und verlässt die Leiter – jetzt bist du interessanterweise auf einem Untergrund, der dich trägt – gelangst auf eine Ebene, die sich dir so zeigt, wie du sie jetzt siehst oder spürst – und wenn du den Blick hebst und nach vorn schaust, erkennst du, dass dir zwei Personen, womöglich auch drei entgegenkommen – du siehst deinen Inneren Mann, und du siehst deine Innere Frau – sie kommen näher und näher, und vielleicht haben sie auch dein Inneres Kind dabei – vielleicht hast du es aber auch mit nach oben gebracht, und es rennt den beiden entgegen – springend, jauchzend, fröhlich, oder es ist eher langsam, verhalten und ängstlich – schaue hin, wie es sich für dich gestaltet – ja, und so kommt ihr euch entgegen – und du weißt, dass diese beiden Personen Anteile von dir sind – und schaue genau hin, wie diese Begegnung für euch abläuft – höre die Worte, die gesprochen werden – nimm jede Gestik, jede Mimik wahr – schaut euch in die Augen – was wünschst du dir von deiner Inneren Frau, von deinem Inneren Mann? – kannst du es ihnen sagen? – und was antworten sie dir? – was möchtet ihr zusammen unternehmen? – und lasse dich nun von den beiden in deine innere Heimat führen – nimm genau wahr, wie deine innere Heimat aussieht, wie sie sich darstellt und wie du dich dort fühlst – ist dein Inneres Kind bei euch? – hast du es mitgebracht, mitgenommen, oder haben die beiden es dabeigehabt? – lasse auch das Kind zu Wort kommen – du weißt, dass das Innere Kind Freude haben mag, Spaß und Leichtigkeit – dass es neugierig ist und unendlich viele Fähigkeiten in sich trägt – dass es jederzeit bereit ist für Veränderungen und ganz offen und voller Motivation alles mitmacht, was du ihm zeigst – denn dort in deiner inneren Heimat ist alles möglich, auch für dein Inneres Kind ist dort alles möglich – und wenn du deine Innere Frau anschaust, kannst du erkennen, dass sie voller Hingabe ist, voller Eigenliebe und Selbstachtung – dass sie sehr wohl in der Lage ist, sich fallen zu lassen, und sie feinfühlig und empathisch dich und all das andere wahrnimmt – sie ist im Einklang mit allem, kann annehmen und ihre Emotionen ausleben – ja, schaue genau hin, wie sie all dies macht und wie sie dir zeigt, wie es geht – lasse dir jeden Aspekt genau zeigen, nimm es mit jeder deiner Zellen auf, und sieh hin, wie auch dein Inneres Kind es wahrnimmt – voller Leichtigkeit und Freude kann es alles sehen und mit Urvertrauen annehmen – und auch dein Innerer Mann zeigt sich dir in seinen wahren Eigenschaften – in seiner Aktivität und Zielstrebigkeit, seiner Kraft und Struktur – ja, er kann sich sehr gut abgrenzen, steht für Ordnung und Planung, besticht durch seine Logik, und auch ein bisschen Aggressivität gehört zu ihm – sie gibt ihm die Kraft für das Vorwärtsgehen – und auch von ihm bekommst du nun all das gezeigt, was wichtig ist für dich – und wieder schaut dein Inneres Kind neugierig zu, nimmt auf und integriert – ja, dort in deiner inneren Heimat ist all dies möglich – denn diese innere Heimat in dir wird gebildet und getragen, gehalten von der Urmutter und dem Urvater, von Göttin Isis und von Thoth – auch sie sind immer bei dir, halten diesen Raum, halten dich in deiner Ganzheit – möglicherweise kannst du auch sie sehen oder ihre Energie erspüren – Göttin Isis in ihrer Vollkommenheit und Thoth in seiner Vollkommenheit – und diese Vollkommenheit kannst du nur deshalb erkennen, sehen oder spüren, weil du die Vollkommenheit in dir trägst – in ihrem Spiegel erkennst du dich in deiner Ganzheit, in deiner Weiblichkeit und in deiner Männlichkeit – in deiner Anima und deinem Animus und in dem Kind, das du ebenfalls bist – in dieser göttlichen Trinität bist du heil, heil auf allen Ebenen – denn alle Teile gehören dazu, jeder Anteil, der in dir ist, gehört dazu – ob männlich, weiblich oder kindlich – all das gehört zu dir – und diese Erkenntnis kannst du in diesem deinem heiligen Raum wahrnehmen – kannst sie sehen oder fühlen, in jeder Zelle speichern und mit zurückbringen, wenn du dich nun wieder umwendest und zurückfindest an den Ort, von dem du weißt, dass dort die Himmelsleiter auf dich wartet – sodass du nun diese Leiter wieder nach unten klettern kannst – Stufe um Stufe nach unten – tief und tiefer hinab, in deiner Geschwindigkeit, in deinem Rhythmus, mit deinen Fähigkeiten – und vielleicht springt das Innere Kind auch wieder mit nach unten – vielleicht hast du es auch huckepack genommen – –

und nun, beim Hinuntergehen, bemerkst du, dass auch deine Innere Frau und dein Innerer Mann mit dir verschmolzen sind – fühle in dich hinein, deine Innere Frau hat sich in deine linke Seite geschmiegt, ist in dich hineingeschmolzen – und dein Innerer Mann ruht in deiner rechten Seite, er ist ebenfalls mit dir verschmolzen, ist eins geworden mit dir – und so kannst du nun auch dein Inneres Kind mit dir verschmelzen lassen – du trägst es nicht mehr auf dem Rücken, sondern ihr bildet eine Einheit, sodass es ein Leichtes für dich ist, die Leiter weiter nach unten zu klettern – tiefer und tiefer hinab – sodass du dann wieder unten auf der Wiese ankommst, auf dieser bunten Sommerwiese – vielleicht hat sich die Tageszeit geändert, schaue hin, wie sich die Wiese nun darstellt, was du wahrnehmen kannst – möglicherweise warst du so lange weg, dass sich sogar die Jahreszeit verändert hat – du wirst es an der Art und Weise erkennen, wie sich dir die Wiese präsentiert – und wenn du nun zurückkommst, dorthin zurückkommst, wo du deine Reise begonnen hast, kannst du wissen, dass all das Erlebte in jeder deiner Zellen gespeichert ist – dass du tatsächlich eine kosmische Hochzeit erlebt hast – dass du eins geworden bist und ganz – –

*** dieses Wissen bringe nun mit zurück zu deinem sicheren Ort –

(Hinausführen)

MEDITATIONEN
für mehr
Frieden
mit dir und deinen
Eltern

Einsammeln von abgespaltenen Kindheitsanteilen

Hintergrund und Ziel dieser Meditation

Als Kinder haben wir hin und wieder Situationen erlebt, die für uns dramatisch oder sogar traumatisch waren, wie zum Beispiel eine niederschmetternde Erfahrung, existenzielle Bedrohung, Trennung, einen Verlust oder den Tod einer geliebten Person. Die Energie der dabei erlebten Gefühle mussten wir abspalten oder verdrängen, um normal weiterleben zu können. Wenn Energien abgespalten werden, heißt das aber nicht, dass sie verschwunden sind. Sie sind eher gefesselt und tief in unserem Inneren vergraben. Den Preis, den wir für die Verdrängung der negativen Energien bezahlen, ist ein teilweiser Verlust an Lebendigkeit. Oft fehlen dann auch die Motivation und Energie, um den Alltag gut bewältigen zu können.

Mit dieser Heilreise hast du die Chance, die abgespaltenen Kindheitsanteile zurückzuholen und sie wieder zu integrieren.

Dauer der Meditation: 25–30 Min.
(abhängig von der gewählten Tranceinduktion)

(Wähle eine Tranceinduktion.)

*** erlaube dir, an deinem sicheren Ort anzukommen – an einem Platz, an dem du dich behaglich, wohl- und ganz in Sicherheit fühlst – ein Ort, den du vielleicht kennst, weil er immer wieder in dir erscheint – vielleicht auch ein Ort, der jetzt gerade ganz spontan in dir entsteht – und schaue dich nun an diesem Ort der Sicherheit um, denn hier warten all jene auf dich, die du auf deiner Reise dabeihaben möchtest und die dich begleiten dürfen – –
*** und so behütet und beschützt beginnst du deine Reise – und diese Reise führt dich jetzt als Erstes zu einem Aufzug – und auf deine Art und Weise kommst du dort an, siehst, dass die Türen des Aufzugs sich öffnen oder vielleicht sogar schon offenstehen, sodass du eintreten kannst – sobald du drinnen bist, schließen sich die Türen automatisch, und du kannst an der Wand Knöpfe entdecken – kannst erkennen, dass dieser Aufzug nach unten fährt, etliche Stockwerke nach unten – und so drückst du den untersten Knopf, und wenn dieser aufleuchtet, kannst du auch schon bemerken, dass der Aufzug langsam und stetig abwärtsfährt – dich Stockwerk um Stockwerk tiefer nach unten führt – er hat seine eigene Geschwindigkeit und führt dich immer tiefer und tiefer hinab – und mit diesem Tiefersinken bemerkst du, dass du immer mehr bei dir ankommst, immer mehr in dich hineinsinkst – immer mehr in deine Welt der Bilder und Gefühle gelangst – und vielleicht erscheint in jedem Stockwerk in dir ein Bild oder ein Gefühl oder ein Gedanke – und noch immer sinkt der Aufzug tiefer hinab – und

dann, wenn er mit einem kleinen Ruck zum Stehen kommt, die Türen sich öffnen und du aus dem Aufzug hinaustrittst, bemerkst du, dass du jünger geworden bist – dass du zu einem Teenager geworden bist, der nun an einem breiten Bach steht – schaue dich dort um an diesem Ort, an dem du gerade angekommen bist – und dort, an diesem Bach, begegnen dir junge Menschen – und in allen erkennst du jüngere Anteile von dir – beobachte genau, wie sich dir diese inneren Anteile zeigen – ob sie mit dir sprechen, dich zu einer Handlung auffordern, dich herausfordern vielleicht – oder dir etwas zeigen, was wichtig für dich ist – ich lade dich ein, dich all dem hinzugeben, mitzugehen, mitzumachen – und so läufst du nun entgegen der Fließrichtung des Wassers an diesem Bach entlang, sodass du bemerken kannst, wie dieser Bach immer schmaler wird – und immer noch begegnen dir innere Anteile von dir, zeigen sich dir in eigenartigen Gewändern – dir bekannten womöglich oder auch ganz fremden – lasse dich überraschen, wie diese kindlichen Aspekte sich dir zeigen und was du gewillt und bereit bist, mit ihnen

zu tun – während du immer noch entgegen der Fließrichtung des Wassers am Bach entlangschlenderst und sich die Landschaft am Ufer immer wieder verändert – erlaube dir, Erfahrungen mit deinen Anteilen zu machen, die jetzt möglich sind, weil du es zulässt – bereit dazu bist und dich all dem hier öffnest – der Bach ist nun ganz schmal geworden, ein Schritt genügt, und du kannst ihn überqueren – und während du bemerkst, dass dieser Bach sehr schmal geworden ist, bemerkst du auch, dass du entsprechend klein, entsprechend jung, ein Kind geworden bist – du schaust an dir hinab und siehst, wie du gekleidet bist – fühlst, wie es dir geht, und siehst um dich herum, was jetzt notwendig ist für dich – und mit kleinen Trippelschrittchen gehst du weiter, und immer noch zeigen sich dir innere Anteile – Aspekte, die dir hilfreich sind – näher und näher gelangst du an die Quelle, dort, wo dieser Bach entspringt – kommst immer noch näher, kannst von Weitem schon die Quelle erkennen – und du bemerkst, wie winzig klein du nun bist, vielleicht sogar ein Säugling – und es ist nicht wichtig, zu wissen, weshalb du trotzdem an diesem Bach entlang zur Quelle gelangst – du

krabbelst oder läufst, du kriechst oder wirst vielleicht getragen – auf deine Art und Weise gelangst du an den Ursprung dieses Baches – siehst, wie dieser Bach aus dem Untergrund an die Erdoberfläche sprudelt – wie genau sich dir diese Quelle zeigt – schaue sie dir an – fühle, wie es dir an diesem Ort geht – spüre dich auf allen Ebenen – nimm deine Körperreaktionen wahr – bemerke deine Gefühle – bist du allein dort an der Quelle, oder ist jemand bei dir? – wenn jemand bei dir ist, schaue genau hin, und sieh, wer es ist – wenn du allein bist, nimm wahr, wie es dir damit geht – möchtest du jemanden hinzurufen, oder sind schon genug da? – spüre, was du jetzt brauchst, was jetzt hier an dieser Quelle wichtig für dich ist – zeigt sich dir die Quelle so, wie du sie gern haben möchtest, oder möchtest du etwas verändern? – gibt es hier auch Anteile von dir oder vielleicht Anteile von anderen? – sieh genau hin – lasse all das auftauchen, was jetzt wichtig für dich ist – und wenn du magst, kannst du in das Wasser hineingehen, dich hineinplumpsen lassen, dich hineintragen lassen, wie auch immer es dir möglich ist – und fühle, wie es dir dort geht, an der Quelle dieses Baches, wenn du eintauchst in dieses Wasser – lasse dich von diesem Wasser tragen, wenn es dir möglich ist – und wenn etwas anderes geschieht, dann schaue auch da zu, und fühle, was du empfindest – wärst du sehr erstaunt, wenn du bemerkst, dass all die Anteile, die dir begegnet sind, sich ebenfalls in diesem Wasser aufhalten? – weiter weg vielleicht oder auch ganz in der Nähe – sodass du sie einladen kannst, ganz nah bei dir zu sein – und während du jetzt vom Bach getragen wirst und in die Fließrichtung mitschwimmst – verschmelzen diese Anteile ganz einfach und leicht mit dir – füllen dich aus, lassen dich ganz und heil sein – gleichzeitig lässt du mit jedem bewussten Atemzug die göttliche Kraft, die alles heilt und Ordnung schafft, in dich hereinströmen – vertraue auf diese göttliche Kraft, dass sie dir hilft, alle deine Anteile wieder an genau den Platz zurückzuführen, an den sie gehören – du kannst auch deine geistigen Helfer, deine

Engel oder Aufgestiegenen Meister bitten, dich dabei zu unterstützen – während all dies fast von allein geschieht, kannst du bemerken, dass dein Körper wieder größer wird – kannst feststellen, dass du älter wirst – dass vielleicht dein Denken einsetzt oder das Urteilen – kannst einfach feststellen, dass du mit jedem Meter, den der Bach dich mit sich trägt, ein Stückchen älter und größer wirst – sodass du dann wieder an der Stelle ankommst, an der du in den Bach hineingestiegen bist – an dem Punkt, von dem du weißt, dass es hier einen Aufzug gibt – und so kannst du dann den Bach verlassen, kannst ans Ufer gehen und, an dir herabblickend, bemerken, dass du wieder erwachsen bist – sodass du nun einfach den Aufzug wieder besteigen kannst, denn die Türen stehen offen – und so drückst du den obersten Knopf und gelangst in deiner Geschwindigkeit von Stockwerk zu Stockwerk wieder nach oben – immer höher hinauf fährt dich der Aufzug, fährt an Stockwerk für Stockwerk vorbei – und wenn der Aufzug dann mit einem kleinen Ruck wieder stehen bleibt und sich die Türen öffnen, kannst du kräftig ein- und ausatmen – –

*** und indem du aus dem Aufzug aussteigst, gelangst du wieder an deinen sicheren Ort – bist einfach, wie von Geisterhand getragen, dort, wo du deine Reise begonnen hast – hier kannst du dich bei all denen bedanken, die dich vielleicht begleitet haben –

(Hinausführen)

Dornröschenreise

Hintergrund und Ziel dieser Meditation

Wenn wir, aus welchen Gründen auch immer, unsere weibliche Seite nicht leben – das gilt für Männer und Frauen gleichermaßen –, leben wir nicht in unserer vollen Energie und schlafen langsam ein. Die Energie in uns, die Leben pulsieren lässt, versiegt. Der Prinz steht für das männlich-geistige Prinzip, das als Animus, als unbewusste männliche Seelenkraft der Frau in Gestalt des Prinzen zu Hilfe eilt. Seine Ausdauer, sein Mut, seine Kraft und Entschlossenheit bringen durch einen geistig-energetischen Impuls die Wandlung. Dieser Impuls bewirkt gleichzeitig den Schritt zu mehr Bewusstheit. Wir werden wachgeküsst, und das Dornröschen in uns schlägt die Augen auf. Der Kuss steht als Symbol für die Vereinigung von Gegensätzen und damit für die Liebe. Männliches und Weibliches sind eins geworden. Die männliche und die weibliche Seite des Lebens müssen mit gleicher Kraft gelebt werden.

Diese Meditation nutzt die Symbolik des Märchens dazu, wieder eins zu werden durch die kraftvolle Vereinigung der Gegensätze.

Dauer der Meditation: 25–30 Min.
(abhängig von der gewählten Tranceinduktion)

(Wähle eine Tranceinduktion.)

*** und wenn du angekommen bist, ist es gut, zu wissen, dass es einen Ort gibt, an dem du dich ganz sicher und geborgen fühlen kannst – einen Ort, der dir Schutz und Kraft bietet – von diesem sicheren Ort aus begib dich auf eine Reise, eine Reise, die dir vielleicht ein wenig wie ein Märchen vorkommt – –
*** auf wundersame Weise ist es dir nämlich möglich, dich in einen Prinzen zu verwandeln, der als Glücksritter durch die Welt reitet – viele Länder hast du möglicherweise schon besucht und dabei unendlich viele Abenteuer erlebt – während dir dein Pferd dabei ein treuer Begleiter war – auf diesem sitzend, kannst du jetzt vielleicht

bemerken, dass ihr beide fast schon eins geworden seid in der langen Zeit, die ihr gemeinsam durch die Lande zieht – oft überlässt du dem Tier die Wahl des Weges und auch die Geschwindigkeit eurer Reise – bisher hat es dich immer an interessante Plätze geführt und zu aufregenden Ereignissen – deshalb wunderst du dich wahrscheinlich auch kaum, wenn ihr nun auf ein Schloss zuhaltet, das du in der Ferne auf einem Hügel siehst – und während du so dahinreitest, kannst du wahrnehmen, wie du dich dabei fühlst – gleichzeitig liegt deine Hand womöglich auf deinem umgegürteten Schwert – und in deinem Gepäck weißt du noch all die Waffen, die du brauchst, um deine Wege sicher zu bereisen – unterdessen kannst du auch dein Herz fühlen und die Qualitäten, die es hat, wahrnehmen – du hast schon viele Abenteuer und Erfahrungen hinter dir und viel gelernt auf deinem langen Weg – viele Kämpfe hast du bestanden, vielen Menschen bist du begegnet, viele Länder hast du gesehen – nur eines hast du noch nicht gefunden – die wahre Liebe – bisher bist du allein geritten und warst mit vielen Aufgaben und Taten beschäftigt, an denen du gewachsen bist – aber nun spürst du die Sehnsucht nach einer Gefährtin, mit der du dein Leben teilen möchtest – und während du langsam weiter Richtung Schloss reitest und dabei von der idealen Gefährtin träumst – siehst du plötzlich, dass das Schloss komplett von einem tiefen und breiten Wassergraben umgeben ist – und dahinter wächst eine hohe, dichte Dornenhecke, die dich an die Geschichte von der Prinzessin erinnert, die durch den Fluch einer Fee schon seit vielen Jahren schlafend in ihrem Schloss liegt und auf Erlösung wartet – wärst du sehr erstaunt, wenn dies das verhexte Schloss wäre, von dem du schon so oft gehört hast? – vage erinnerst du dich vielleicht, dass es schon viele vergeblich versucht haben, zu der Prinzessin vorzudringen – aber deine Sehnsucht und dein Mut sind stark genug, um es ebenfalls zu probieren – und so näherst du dich dem Schloss, schaust dich dabei um und kannst erkennen, dass die Brücke, die über den Graben führte, zerstört ist – doch auf deine ganz eigene Art und Weise ist es dir möglich, trotzdem einen Weg über den Wassergraben zu finden – sodass du schon bald vor der hohen Dornenhecke stehst – wo du dein Pferd wahrscheinlich zurücklassen musst – aber dir wird sicher etwas einfallen, wie du das Hindernis bewältigen kannst – und falls du keine Lösung findest, dann lasse dich davon überraschen, dass die Dornenwand sich von allein für dich öffnet, weil die Zeit des auferlegten Schlafes nun um ist – sodass du weitergehen und durch das offene Tor den Schlosshof betreten kannst – alles ist totenstill und liegt in tiefem Schlaf – auch die Obstbäume sind, wie im Frühjahr, vor der Blüte – neugierig erkundest du die Umgebung und findest womöglich den Eingang zu einem Turm – ob du wohl die Prinzessin in diesem Turm finden wirst? – als Glücksritter und Abenteurer lässt du dich wie selbstverständlich von deiner Intuition leiten und betrittst den Turm – die Treppe emporsteigend, gelangst du relativ rasch zu einer Tür in der Spitze des Turmes – sollte sie tatsächlich verschlossen sein? – wahrscheinlich findest du auch hier einen Weg, sie zu öffnen, um dem Ziel deiner Wünsche und Sehnsüchte näherzukommen – wobei du durchaus auch umkehren und einfach deinen Weg gehen könntest, ohne bemerkt zu werden – es ist deine Entscheidung – wenn du die Tür öffnest, kannst du das Turmzimmer betreten – und vor dir ein großes Bett erkennen, worauf eine schöne, anmutige, junge Frau in tiefem Schlaf liegt – da ihr Schlaf tief und fest zu sein scheint, kannst du dir erlauben, sie ganz genau zu betrachten – kannst ihre Ausstrahlung spüren und bemerken, wie sie auf dich wirkt – und was du bei ihrem Anblick empfindest – was genau gefällt dir an ihr? – was ist das Besondere? – was spürst du? – hast du eine Idee, eine Intuition, wie du sie aufwecken kannst? – es ist dir bestimmt möglich, deinem Impuls zu folgen – wacht sie auf? – vielleicht hast du noch nicht daran gedacht, sie anzusprechen oder sie zu berühren – finde einfach heraus, was sie braucht, um zu erwachen – falls deine Prinzessin nun die Augen geöffnet hat, lasse dich überraschen, wie sie dir ihre Freude zeigen wird – und was du ihr sagen magst – dann lasst euch ein wenig Zeit zum Kennenlernen, bevor ihr gemeinsam hinunter in den Schlosshof geht und die nun aufblühenden Obstbäume bewundert – früher oder später ist es euch möglich, eure Liebe und den Frühling zu genießen – und je mehr ihr diese Liebe genießt, desto leichter fällt es dir, an die Erfüllung deines Herzenswunsches zu glauben – sodass du die ehrliche Liebe zwischen euch beiden ganz tief in dir fühlen kannst – und du darfst dir erlauben, sie auf allen Ebenen zu spüren – es ist völlig in Ordnung, wenn du die Prinzessin dabei fest in deine Arme schließt und ihr beide in eine glückliche Zukunft schaut – die sich wie ein Film vor eurem inneren Auge abspielt – du wirst möglicherweise den Wunsch verspüren, noch ganz lange in diese wunderbare Zukunft zu blicken – sie zu sehen und zu genießen – lasse dir einfach all die Zeit, die du brauchst, um dieses glückliche Erleben ganz fest in dir zu spüren und zu verankern – –

*** bevor du dann in deiner Geschwindigkeit wieder zurückkommst an deinen sicheren Ort – wenn du dich dort erst einmal für die Erfahrungen, die du machen durftest, bedankt hast, ist es dir möglich, die Bilder langsam verblassen zu lassen – sie einfach in den Hintergrund treten zu lassen –

(Hinausführen)

Meditation mit den Eltern

Hintergrund und Ziel dieser Meditation

Die eigenen Eltern prägen einen Menschen am intensivsten, und sie können auch die tiefsten Verletzungen verursachen. Nach der Arbeitshypothese des Familienstellens ist ein Mensch erst dann mit sich im Reinen, wenn er mit seinen Eltern im Reinen ist. Dies geschieht durch die Anerkennung dessen, was ist. Im einfachsten Fall zum Beispiel mit dem Satz: »Du bist mein Vater, du bist meine Mutter.« Für die Entwicklung eines Kindes (auch eines erwachsenen Kindes) ist es immer wichtig, dass es die Eltern als die Großen und sich als den Kleinen/die Kleine im inneren Bild sieht bzw. fühlt. Das Kind ist und bleibt klein, die Eltern sind und bleiben immer groß. Es geht nicht darum, etwas gutzuheißen, etwas zu verleugnen oder zu beschönigen, was mit den Eltern zu tun hat. Es geht um die Anerkennung der Eltern als Eltern: Du bist mein Vater, du bist meine Mutter. Nicht mehr, aber auch nicht weniger.

In dieser Meditation hast du Gelegenheit, diese grundlegende Ordnung zwischen deinen Eltern und dir (wieder)herzustellen.

Dauer der Meditation: 15–20 Min.
(abhängig von der gewählten Tranceinduktion)

(Wähle eine Tranceinduktion.)

*** und du kennst ja schon den Weg zu deinem sicheren Ort, so-dass du einfach hineinsinken kannst in die entsprechenden Bilder oder auch Gefühle – um wieder aufzutauchen an dem Platz deiner Sicherheit – und all die, die dort immer bei dir sind, dürfen sich wieder zeigen – dürfen einfach bei dir sein, um dich zu behüten und zu beschützen – –

*** und von diesem sicheren Platz aus kannst du nun deine Reise beginnen, die dich auf deine ganz eigene Art und Weise zurück-führt, zurück zu dir nach Hause, in dein Elternhaus – sei einfach dort, sei in dem Raum, in dem du jetzt einfach ankommst – und es ist unerheblich, ob dies das Wohnzimmer ist, die Küche, das Schlaf-zimmer oder vielleicht der Hof oder Garten – erlaube dir einfach, zu Hause zu sein, so, wie du es kennst, so, wie es sich dir jetzt zeigt – und fühle dich, nimm wahr, wie es dir geht, dort, wo du jetzt bist – und dann schaue an dir herunter, nimm wahr, wie du gekleidet bist – welche Schuhe du trägst und welche Hose, welchen Rock oder welches Kleid – und dann lasse vor dir oder hinter dir oder auch neben dir Mama und Papa auftauchen – lasse die beiden ein-fach da sein – und wenn sie nicht von allein kommen, rufe sie in-nerlich herbei – erlaube dir, dass sie da sind – und wenn sie da sind, sieh genau hin, wo sie sind, wo sie stehen – in welchem Ab-stand zu dir, und wie fühlst du dich dabei? – wo steht Papa, wo steht Mama? – und dann beobachte, wie sie dich anschauen – sehen sie dich – siehst du sie? – wie fühlst du dich, wenn du bemerkst, dass du gesehen wirst? – und schaue noch einmal hin, damit du erkennen kannst, wie euer Größenverhältnis ist – bist du größer, kleiner oder gleich groß wie Mama bzw. wie Papa? – nimm einfach nur wahr, bewerte nicht – und dann gehe auf deine Mutter zu, gehe näher an sie heran, und beobachte, wie ihr Verhalten dabei ist und wie du dich dabei fühlst – kannst du ganz nahe an sie herangehen? – was macht die Mama, wenn du nahe bei ihr bist? – wie verhält sie sich? – kannst du sie oder sie dich umarmen? – wenn ja, wie fühlst du dich dabei? – und wenn nein, wie geht es dir damit? – und dann gehe wieder einige Schritte zurück – schaue ihr in die Augen, und sage: »du bist meine Mama, meine Mutter. Du bist die Große, ich bin das Kind, die/der Kleine« – achte darauf, wie sie reagiert und was sich eventuell bei ihr verändert – dann schaue zu deinem Papa hin, und gehe auf ihn zu – geht das, kannst du zu ihm gehen? – wie fühlst du dich dabei? – und wie verhält er sich dir gegenüber? – kannst du ihn umarmen oder er dich? – nimm einfach alles wahr, was fühlbar ist, und gehe wieder ein paar Schritte zurück – dann schaue ihm in die Augen, und sage: »du bist mein Papa, mein Vater. Du bist der Große, ich bin das Kind, die/der Kleine« – achte darauf, wie er reagiert und was sich eventuell bei ihm verändert – dann blicke noch einmal zu deinen Eltern, wie schauen sie dich an? – wie geht es dir bei diesem Blick? – und wenn du so deine Eltern siehst, was kommt dir in den Sinn? – was magst du gar nicht und was liebst du an ihnen? – sind dies möglicherweise alles Eigenschaften, die du auch von dir kennst? – nimm wieder einfach nur wahr, bevor du dich von deinen Eltern verabschiedest – verabschiede dich auf deine Art und Weise – verabschiede dich auch von deinem Elternhaus – –

*** und sei wieder in deiner Geschwindigkeit und auf deine Art zurück an deinem sicheren Ort – sei einfach wieder dort, wo du dich behaglich und beschützt fühlst – tanke noch einmal dort bei all denen auf, die dich beschützen – bevor du dich wieder zurückatmest –

(Hinausführen)

Nachbearbeitung

Sollte es dir in deiner inneren Wahrnehmung nicht gelungen sein, deine Eltern zu sehen, bzw. hast du sie nicht größer als dich selbst erlebt , wäre es sinnvoll, an einer Familienaufstellung teilzunehmen. Um Frieden und Harmonie in der Familie erleben zu können, ist es eine grundlegende Maßnahme, die Ordnung im Herkunftssystem wiederherzustellen.

Begegnung mit dem Vater deiner Kindheit

Hintergrund und Ziel dieser Meditation

Unsere Kindheit bleibt, wie unsere gesamte Vergangenheit, in unserem Energiekörper lebendig und bestimmt von dort unsere Beziehungen zu den Menschen in der Gegenwart und in der Zukunft. Die Erfahrungen mit unserem Vater haben uns geprägt, ganz gleich, ob er stark oder schwach war. Egal, ob er anwesend oder abwesend, liebevoll oder autoritär war oder uns auf irgendeine Weise verletzt hat. Solange wir nicht die Grundbeziehung zum ersten Mann in unserem Leben in Frieden gebracht und uns von ihm gelöst haben, leben wir weiterhin fremdbestimmt.

Bei dieser Reise geht es darum, Frieden mit dem Vater deiner Kindheit zu schließen.

Dauer der Meditation: 15–20 Min.
(abhängig von der gewählten Tranceinduktion)

(Wähle eine Tranceinduktion.)

*** lasse dich einsinken in dein Innerstes, in die Welt deiner Bilder und Gefühle – komme an an deinem sicheren Ort, dem Platz in dir, an dem du dich wohl- und geborgen fühlst – schaue dich dort um, wie sieht es aus an diesem Ort der Sicherheit? – nimm wahr, was ihn zu diesem Ort macht – weshalb fühlst du dich hier so aufgehoben und geborgen? – erlaube dir, an diesem Ort der Sicherheit aufzutanken – und dann beginne von deinem sicheren Ort aus deine Reise – –

*** lasse dich zurückführen, zurück in deinem Leben – gehe eine Straße entlang, die dich Kilometer für Kilometer zurückbringt – zurück in dein frühes Erwachsenenalter – bemerke, während du so dahinschlenderst, wie sich die Umgebung um dich herum verändert – dass du dich veränderst – denn du wirst jünger und jünger, je weiter zurück du den Weg gehst – und möglicherweise führt dieser Weg durch einen Wald – schaue dich um, und nimm wahr, wie es dort aussieht – bemerke, welche Bäume es dort gibt und wie dicht oder auch wie licht sie gewachsen sind – vielleicht begegnen dir auch Tiere, während du noch immer in der Zeit zurückgehst – mit jedem Kilometer, den du zurücklegst, wirst du jünger und jünger – wirst zum Teenager – und noch immer gehst du durch den Wald und weißt, dass du um Hilfe bitten kannst, wenn du diese benötigst – deshalb ist es einfach für dich, den Weg durch den Wald zu finden – denn du bist behütet und beschützt – und noch während du so weitergehst, kannst du dort vor dir eine Lichtung entdecken –

einen Platz, an dem keine Bäume wachsen und wo grünes Gras und viele Blumen auf dich warten – schaue dich auf dieser Lichtung genau um – was alles kannst du entdecken, und wie fühlst du dich hier? – und auf dieser Lichtung wird dir auch bewusst, wie alt du jetzt gerade bist – du siehst, welche Kleidung du trägst – und fühlst, wie es dir geht – und hier auf dieser Lichtung kannst du nun deinen Vater rufen – kannst ihn einfach bitten, bei dir zu sein, weit weg von zu Hause an einem neutralen Ort – umgeben von Bäumen, beschienen vielleicht von der Sonne – schaue dir deinen Vater an, wie er sich dir zeigt – wie sieht er dich an? – wie begegnet ihr euch? – was wolltest du ihm längst schon einmal sagen? – hast dich bisher vielleicht noch nicht getraut? – hier auf dieser Lichtung, umgeben von all den Wesen, die dich unterstützen, kannst du ihm all das sagen, was dir schon lange auf deinen Lippen brennt – kannst ihm von deinen Verletzungen erzählen – von deiner oft gefühlten Ohnmacht und Hilflosigkeit – auch von deinem Schamgefühl – oder von deinen Hoffnungen, Wünschen und Sehnsüchten – und vor allem von deinen Ängsten – –

und während du erzählst und ihn dabei beobachtest, um zu sehen, wie seine Reaktion ist, kannst du aus dem Augenwinkel bemerken, dass sich auf der Lichtung Tiere zeigen – vielleicht hinter einem Baum hervortretend – vielleicht über dir fliegend oder sich auf andere Art und Weise zeigend – eventuell ein Tier, vielleicht auch mehrere – und alle haben etwas beizutragen zu dieser Situation, in der ihr euch jetzt gerade befindet – schaue genau hin, höre, was die Tiere sagen – und es muss dich nicht verwundern, dass du die Sprache der Tiere verstehst – dies ist der Anfang einer Reise, die dich deinem Vater näherbringen wird – die dich verstehen lässt und während der du verstanden wirst – und wo sich dir Möglichkeiten eröffnen und sich dir Chancen bieten – all die Eindrücke, die du jetzt erlebst, stehen für das, was in euren jüngeren Jahren geschehen ist – deshalb nimm all das in deine Erinnerungen auf, was du jetzt gerade erlebst – unterhalte dich mit deinem Vater und den Tieren so lange, bis meine Stimme dich wieder erreicht – –

langsam wird es Zeit, dich hier auf dieser Lichtung von deinem Vater zu verabschieden – im Bewusstsein, dass du jederzeit wiederkommen kannst – ihn hier oder an einem anderen Platz zu einer anderen Zeit wiedertreffen kannst – und so verabschiede dich nun von ihm – lasse ihn als Bild, als Gefühl im Hintergrund verschwinden, sich auflösen – dann wende dich auf deinem Weg wieder um – gehe den Weg zurück, den du gekommen bist – laufe zurück durch den Wald, der sich dir auf dem Rückweg vielleicht ganz anders zeigt – –

*** schaue genau hin, und sieh, was sich verändert hat, und bringe auch diese Veränderung mit, wenn du gleich zurückkommst zu deinem sicheren Ort –

(Hinausführen)

Begegnung mit der Mutter deiner Kindheit

Hintergrund und Ziel dieser Meditation

Ein Kind ist, besonders in den ersten fünf Lebensjahren, seinen engsten Bezugspersonen, vor allem der Mutter, völlig ausgeliefert. Nähe und Distanz, Erziehungsstil und Vorbildfunktion setzen elementare Meilensteine für den späteren Lebensweg. Wenn wir zum Beispiel nicht richtig bemuttert wurden, lässt das in uns eine große Leere zurück. Ganz egal, wie wir versuchen, diese Lücke zu füllen, ob mit Drogen, flüchtigem Sex oder mit Essen: Diese Wunde wird nicht einfach heil, solange wir nicht direkt an ihr arbeiten und die Wut und die Trauer in Angriff nehmen. Fast jede Beziehung zur Mutter ist eine verstrickte, eine unfreie Beziehung. Wir haben von dieser ersten Person in unserem Leben unbewusst meist mehr übernommen, als uns lieb ist. Wir waren nicht nur neun Monate, sondern auch die ersten Jahre unseres Lebens physisch und psychisch vollständig von ihr abhängig.

Bei dieser Meditation geht es darum, Frieden mit der Mutter deiner Kindheit zu schließen.

Dauer der Meditation: 15–20 Min.
(abhängig von der gewählten Tranceinduktion)

(Wähle eine Tranceinduktion.)

*** erlaube dir, ganz bei dir zu sein – einzusinken in deine Bilder-
welt, in deine Gefühlswelt – einzusinken in deine innere Realität –
an deinen Platz der Sicherheit – den Ort in dir, den du schon so gut
kennst – an dem du dich behütet und beschützt fühlst – den Ort,
wo vielleicht jetzt gerade dein Schutzengel schon auf dich wartet –
denn von hier aus begibst du dich wieder auf deine Reise – –
*** eine Reise, von der du heute weißt, wohin sie dich führt – denn
du weißt, dass du wieder in den Wald mit der Lichtung gehen
wirst – und wenn du nachher auf der Lichtung ankommst, die du
schon einmal besucht hast, wirst du auch wieder das Alter erreicht
haben wie beim letzten Mal – all dies beginnt jetzt auf deine eigene
Art und Weise und in deiner Geschwindigkeit – lasse dir all die
Zeit, die du brauchst, um durch den Wald zu gehen – –
du kannst den Vögeln zuhören und dabei bemerken, wie du mit
jedem Schritt, den du gehst, jünger und jünger wirst – und wenn
du auf der Waldlichtung ankommst, hast du Lust, dich dort ganz
genau umzuschauen – wie sieht es heute dort aus? – was hat sich
womöglich verändert? – nimm alles wahr, jedes Geräusch, jede
Veränderung – in deiner inneren Erlebniswelt wird alles sichtbar –
vielleicht wartet heute deine Mutter dort auf dich – möglicherweise rufst du jetzt aber auch: »Mama, bitte komm, sei da, zeig dich
mir« – und schaue dann genau hin, wie sie sich dir zeigt und was
du dabei empfindest – und heute weißt du, wie dein Film weiter-
geht – was du ihr sagen möchtest – all das, was du dich vielleicht

lange nicht getraut hast oder gerade erst gelernt hast – sage ihr all das, was jetzt wichtig für dich ist – achte darauf, wie sie antwortet – und wenn es für dich noch nicht stimmig ist, nimm all deinen Mut zusammen, und stehe für dich ein – erwidere das, was du sagen willst – denn du bist die/der Kleine, und sie ist die Große – sage ihr: »du bist die Mama, und ich bin das Kind« – zeige ihr, was du für sie empfindest – zeige ihr deine Gefühle, alle Gefühle, und bitte sie darum, dass auch sie dir all ihre Gefühle zeigt, ehrlich und authentisch – und wenn es dir möglich ist und deine Mutter einverstanden ist, schmiege dich in ihre Arme – lasse dich von ihr umarmen, kuschle dich in sie hinein – spüre all das, was zu spüren ist – traue dich, dich zu zeigen, traue dich, du selbst zu sein, traue dich, zu fordern – du bist das Kind, sie ist die Große – fordere ein, dass du Kind sein darfst – und bevor du dich von ihr verabschiedest, bitte sie um ein Geschenk – lasse dir ein Symbol geben für das, was ihr jetzt miteinander erlebt habt – und dann lasse die Tiere da sein, die du vielleicht während deiner Krafttierreise gesehen hast – solltest du diese Reise noch nicht gemacht haben, dann lasse einfach die Tiere da sein, die sich dir jetzt zeigen wollen – lasse sie um dich sein, neben dir, über dir, und bitte sie um ihre Medizin, um die Kraft, die sie symbolisch vertreten – nimm die Kraft der Tiere oder des einen Tieres, und verinnerliche sie – nimm dir die Freiheit, die Weitsicht, den Instinkt – nimm dir all das, was wichtig ist für dein Leben – dann verabschiede dich in dem Bewusstsein von deiner Mutter, dass du diese Lichtung jederzeit wieder besuchen und sie dort treffen kannst – und wenn du dich verabschiedet hast, begib dich auf den Rückweg – gehe durch den Wald zurück auf dem Weg, den du gekommen bist – bemerke dabei, dass du mit jedem Schritt, den du gehst, älter und älter wirst – dich verwandelst, zurückverwandelst in die/den Erwachsene/n, die/der du bist – gleichzeitig bringst du alle Qualitäten mit, die du dort auf der Lichtung geschenkt bekommen hast – –

*** all das ist in deinem Zellbewusstsein gespeichert, und du bringst es mit zurück, wenn du jetzt zu deinem sicheren Ort gehst – dich an diesem sicheren Ort bei all denen bedankst, die dich auf deiner Reise begleitet haben – dann lasse auch diesen Ort im Hintergrund verschwinden, sich auflösen –

(Hinausführen)

Nachwort

Ich hoffe sehr, dass die hier vorgestellten Reisen an innere Quellen der Heilung dir dazu gedient haben, dass du wieder annehmen konntest, was schon immer zu dir gehörte, denn Vergessenes, Verdrängtes, Abgelehntes macht sich uns oft durch Schwierigkeiten oder Symptome bemerkbar.

Ich wünsche mir auch, dass die Meditationen dieses Buches dich so tief in deine inneren Räume führten, dass du Einsichten über dein heutiges Leben, vielleicht auch über frühere Leben gewinnen konntest. Dass sie dich in Ebenen jenseits von Raum und Zeit geführt haben. Du hattest hoffentlich auch die Chance, sowohl die Hintergründe für deine Fragen und Probleme zu erfahren als auch Antworten darauf zu bekommen und Lösungen zu finden.

Unsere Seele spricht in Bildern, und alles, was in uns vorgeht, was wir erleben, was wirkt, kann uns befreien und Neues erschaffen. Wir alle gestalten unser Leben selbst – leider oft unbewusst und nicht immer positiv. Mit diesen Meditationen wollte ich dir ein Werkzeug an die Hand geben, mit dem du dich ermächtigen kannst, dein umfassendes schöpferisches Potenzial zu nutzen. Die Heilmeditationen geben dir immer wieder die Möglichkeit, dich selbst und dein Leben aus einer umfassenderen Perspektive zu sehen und deutlicher zu erkennen, wer du wirklich bist. Auch zu realisieren, wo du vielleicht feststeckst, sowie Altes aufzudecken und zu heilen. Letztlich möchte ich dich animieren, wieder deinen Platz als bewusster Schöpfer deines Lebens einzunehmen.

Wenn mir all dies oder ein Teil davon gelungen ist, bin ich sehr glücklich. Ich wünsche dir weiterhin viel Erfolg mit diesen Heilmeditationen. Auch freue ich mit sehr, wenn du mir eine Rückmeldung deiner Erfahrungen gibst.

Mit herzlichen Grüßen
Sylvia Bieber

Über die Autorin

Sylvia Bieber ist seit 1994 als Coach in freier Praxis tätig. In verschiedensten Institutionen und Privatakademien lernte sie das Handwerk der Dipl. Mentaltrainerin, Psychologischen Beraterin, Energie-Therapeutin (nach Dr. Banis), Hypnosetherapeutin, Innenweltarbeiterin und des Coachs. Seit 1990 gibt sie BewusstSEINs-Entwicklungs-Seminare im In- und Ausland und bildet seit 1994 Trainer, Innenweltarbeiter und Coachs aus. Von 2000 bis 2016 war sie Mitinhaberin des Ausbildungsinstituts »Seelmann & Bieber Trainigs«. Seit 2017 firmiert sie unter »Sylvia Bieber Coaching & Seminare« in Goldbach (Bayern).

www.sylvia-bieber.de

Kontakt:
E-Mail: info@sylvia-bieber.de
Tel.: +49 (06021) 921 638
Fax: +49 (06021) 921 639

Weitere Veröffentlichungen der Autorin

Reisen ins Land der Seele –
Geführte Meditationen zur Entspannung, Klärung, Zielsetzung
ISBN 978-3-8434-1407-4

Verstrickungen lösen – Eine Reise in die emotionale Freiheit
(Audio-CD), ISBN 978-3-9811033-1-1

In der Ruhe liegt die Kraft –
Fantasiereisen zum Entspannen, Ruhefinden und Krafttanken
(Audio-CD), ISBN 978-3-981033-2-8

Power für den Alltag – Das Chakra-Karten-Set
ISBN 978-3-981033-0-4

Musikalische Traumpfade –
Sanfte Musik zum Entspannen, Loslassen und Kraft tanken
(Audio-CD), ISBN 978-39811033-3-5

Nimm Dein Glück selbst in die Hand –
Fantasiereise zu Deiner Schöpferkraft und Einzigartigkeit
(Audio-CD), ISBN 978-39811033-4-2

Bewegungsmeditation – Tanz durch die vier Lebensphasen
(Audio-CD), ISBN 978-39811033-7-3

Prozessorientierte Innenweltarbeit –
Fantasiereise zur Verankerung von mehr Handlungskompetenz
(Audio-CD), ISBN 978-39811033-6-6

REISEN FÜR GEIST & SEELE

Sylvia Bieber
Reisen ins Land der Seele
*Geführte Meditationen zur
Entspannung, Klärung,
Zielsetzung*
184 Seiten
ISBN 978-3-8434-1407-4

Kurz innehalten, die Vorstellungskraft einschalten und den Alltag mit einem Abstecher ins Land der Fantasie hinter sich lassen – wer macht das nicht hin und wieder, vor allem, wenn es mal hoch hergeht? Doch mit den Reisen in unser Inneres können wir noch weit mehr erfahren als nur kurze Wohlfühlmomente und Phasen der Entspannung. Sie wirken positiv auf das Unterbewusstsein und beeinflussen unsere Gewohnheiten und unser gesamtes Leben nachhaltig.

Ob wir auf der Suche nach mehr Selbstbewusstsein sind, überflüssigen Ballast abwerfen oder mit dem Rauchen aufhören möchten: Sylvia Bieber, Expertin für Innenweltarbeit, kennt die passende Reise. Sie begleitet uns auf dem Weg in unser Inneres und schenkt uns neben 28 Mentalreisen wertvolles Hintergrundwissen, aber auch ganz praktische Tipps zur Durchführung und Nachbereitung. Damit wird bereits der nächste Ausflug ins Land unserer Seele zu einem besonders wirkungsvollen Erlebnis.

Dennis Möck-Ludwig
Innenweltreisen
*Das Praxisbuch für angeleitete
Meditationen und Seelenreisen*
160 Seiten
ISBN 978-3-8434-1383-1

Die meisten Menschen haben, wenn sie an Meditation denken,
das Bild eines Menschen vor Augen, der auf dem Boden sitzt,
die Beine im Lotossitz verschränkt und die Welt um sich herum
vergisst. Dabei ist Meditation noch viel mehr. Meditation kann
alles sein, was dich dir selbst näherbringt.

Sie findet immer dann statt, wenn wir absolut im Jetzt sind.
Mit dieser uralten Praxis können wir uns selbst kennenlernen,
Ruhe finden, unsere Intuition schulen und unser Körperbe-
wusstsein stärken. Meditation ist einer der schönsten inneren
Wege, und Mentalcoach Dennis Möck-Ludwig zeigt, wie wir
diesen Weg nicht nur für uns selbst, sondern auch für andere
zu einer einzigartigen Erfahrung machen. Er begleitet uns von
den Grundlagen der Meditation über inspirierende Innenweltreisen in die tägliche Praxis, etwa mit Tipps zur richtigen
Musik- und Duftauswahl.

Ein perfektes Handbuch mit Inspirationen für Meditierende
und alle, die selbst Meditationen leiten wollen.

Danke
für deine REZENSION

– Gemeinsam sind wir mehr –

Liebe Leserin, lieber Leser,

von Herzen danken wir dir, dass du dieses Buch in den Händen hältst und es bis zum Ende gelesen hast. Das bedeutet uns, dem Schirner Verlag und seinen Autoren, sehr viel. Aus voller Überzeugung und mit Hingabe widmen wir uns seit vielen Jahren Themen, die unser aller Lebensqualität und Bewusstwerdung dienlich sind, und hoffen, einen Beitrag für eine lichtvollere Welt leisten zu können. Wenn dir unsere Arbeit gefällt, möchten wir dich bitten, dir einige Minuten Zeit zu nehmen, um dieses Buch zu rezensieren. Warum? Die meisten Menschen lesen Rezensionen, bevor sie ein Buch kaufen, da sie hierdurch einen Eindruck bekommen, ob und wie der Inhalt des Buches den Leser erreicht hat. Eine kurze Rezension ist dabei ebenso hilfreich wie eine lange, sehr ausführliche. Um es auf den Punkt zu bringen:

Eine Rezension ist heutzutage die beste Werbung für ein Autorenwerk!

Wenn du den Schirner Verlag und seine Autoren neben dem Buchkauf auch anderweitig unterstützen willst, dann bitten wir dich: Schreibe für jedes Werk eine Rezension – vielleicht als persönliche Leseempfehlung für die Buchhandlung in deiner Nähe oder online, z. B. beim Schirner Verlag. Das wäre nicht nur eine Wertschätzung für die Autoren, sondern kann dazu beitragen, dass die Verkaufszahlen steigen und der Schirner Verlag auch in herausfordernden Zeiten Bestand hat.

WIE SCHREIBT MAN EINE REZENSION?

Grundsätzlich sollte eine Rezension aus der eigenen, subjektiven Sicht geschrieben werden, da es sich um eine persönliche Meinung handelt. Du kannst in zwei Sätzen deine Gedanken zu dem Buch äußern oder eine längere Rezension verfassen. Falls du nicht weißt, wie du beginnen sollst, hier ein paar Anregungen:

- War das Buch leicht verständlich geschrieben? Wie hat dir die Sprache gefallen? Wie empfandest du die Aufteilung der verschiedenen Themen?

- War es unterhaltsam? War es deiner Meinung nach mit Herzblut und Liebe geschrieben? Wie hat es auf dich gewirkt?

- Hat es dein Herz berührt? Konntest du dich wiederfinden?

- War es tief greifend genug? Hast du viel Neues gelernt?

- Hat es gehalten, was der Titel und die Buchbeschreibung versprochen haben? Hat es deine Erwartungen erfüllt?

- Was macht das Buch besonders? Warum sticht es heraus im Vergleich zu anderen Büchern, die ein ähnliches Thema behandeln?

- Würdest du das Buch weiterempfehlen oder verschenken?

Bildnachweis